最猛職人

最猛職人

透視靈驗

我從拜拜背後發現改變命運的祕密

《暢銷紀念版》

仙佛菩薩看如何求神拜佛的滿願心法！

宇色 Osel ◆ 著

最猛職人.28 **透視靈驗・我從拜拜背後發現改變命運的祕密**（暢銷紀念版）
仙佛菩薩看如何求神拜佛的滿願心法！

作　　者　宇色（Osel）
封面設計　林淑慧
美　　編　李緹瀅
文　　編　游幼真
主　　編　高煜婷
總 編 輯　林許文二

業務行政　鄭淑娟、陳顯中

出　　版　柿子文化事業有限公司
地　　址　11677台北市羅斯福路五段158號2樓
業務專線　（02）89314903#15
讀者專線　（02）89314903#9
傳　　真　（02）29319207
郵撥帳號　19822651柿子文化事業有限公司
投稿信箱　editor@persimmonbooks.com.tw
服務信箱　service@persimmonbooks.com.tw

初版一刷　2013年09月
四版一刷　2024年07月
定　　價　新台幣420元
I S B N　978-626-7408-54-4

特別聲明：本書的內容資訊，不代表本公司／出版社的立場與意見，文責概由作者承擔。
粉絲團搜尋 60秒看新世界
～柿子在秋天火紅 文化在書中成熟～

國家圖書館出版品預行編目(CIP)資料

透視靈驗・我從拜拜背後發現改變命運的祕密（暢銷紀念版）：仙佛菩薩看如何求神拜佛的滿願心法！／宇色（Osel）著.--四版.--臺北市：柿子文化事業有限公司，2024.07
面；　公分. --（最猛職人；28）
ISBN　978-626-7408-54-4（平裝）
1.CST:祠祀 2.CST:祭禮 3.CST:民間信仰

272.92　　113008871

柿子官網
60 秒看新世界

專家推薦

拜神拜佛都好，但也要能反求諸己

——呂凱文，南華大學人文學院院長

這事偶而會發生。研究室電話響起，傳來一位陌生中年女士的聲音：「教授！教授！可不可以幫我翻譯它的意思？我隨時都能講天語。」隨後，電話機彼端便傳來這位可愛女士一連串嘰哩咕嚕的話語聲。靜默聽了許久後，我微笑地打斷那抑揚頓挫中帶點顫抖的聲音說：「噓……這是祕密，可能只讓妳潛在的靈知道，若連妳也知道，豈不洩漏天機了。」

我研究宗教經驗，也擔任南華大學巴利學中心主任多年，帶領研究生學巴利文法、解讀巴利文獻，也教導巴利文獻裡實用的正念學。巴利語與梵語同源，都是佛陀最初使用過的語言，兩者的關係有點像臺灣五〇年代的臺語與國語，一種是地方話，一種是官方用語。佛陀所用的梵語與巴利語在古代也被視為天人所說的語言，或許正是這位女士打來巴利學研究中心求證的原因。

聽要聽得出前景與背景。聽得懂嗎？當然懂，還很仔細。那位女士聽到的是自己對天語的欣羨與執取，我聽到的卻是無常、苦、無我在背景的提醒，聽到一個不安的靈魂急於尋求外在奧援來肯定自己漂泊不定的心。

宇色這本新書《透視靈驗．我從拜拜背後發現改變命運的祕密》談的不也是這個道理？拜神拜佛都好，只要能反求諸己，安住當下的心，觀察它、覺知它，不迎不拒，不自編自導，更不外求於他者，萬事皆寧。且作一偈，為此書推薦：

世間如鏡，若有所見，皆是自己對鏡投影；世間如谷，若有所聞，皆是自己空谷回音。

「我命由我不由天」如何可能？

——廖俊裕，南華大學生死學系副教授

在《透視靈驗．我從拜拜背後發現改變命運的祕密》中，宇色提出社會中的某些盲點，使人在宗教中恢復人的主體性、自主性，極具價值，對目前的社會很有幫助。

宗教的本質是信仰，信仰是超理性的，因此一個人有了某個信仰後，其生命主體性往往很容易喪失，上師、老師或某高靈的言語對他有無上的權威，這在生命脆弱時確實有其不可磨滅的扶持效果，也幫助了不少芸芸眾生。但也正因如此，神棍騙財騙色的情況時有所聞。本書的價值就是如何兼顧上師或高靈的崇高性和個體生命的自主性，進而達到中庸的恰當位置，讓人改變命運、心想事成。

這讓我想到，有次我遇到一個命理師，他很發心，主要是以命理來濟世、幫助世人，其命理解說也頗準確。他告訴我，有時會有些感懷，就是他已從卦象上看出案主的事件變化，也告訴對方要如何以念佛、持咒、參加法會等來面對，最後案主還是脫離不了命理上的預測，讓他頗為心灰，人是否解脫不了命運的限制？

事實上，道教所說的「我命由我不由天」有其真實性，也有其困難性。要如何達成？除了知道宇宙存在（神鬼）的力量而加以運用外，自己本身的願力、定力是最基礎的東西，宇色這本書對讀者幫助最大的部分，就是在如何心想事成、滿願這條路上，正本清源的說出其本末來由。據我所知，宇色這些主張不是空談，而是有其實證的基礎，他不時跟我分享他自渡渡人、心想事成的經驗，期間當然有其奮鬥歷程，但終能滿願。對宇色的生命來說，這些都是不容易的，他不靠家庭背景，從小學四年級開始就自力更生、經濟獨立，直到大學、研究所，完全自己努力而來，他的心法就在這本書中。願世人都能得到書中義理的幫助，解脫命運的限制而心想事成……

（贅語：宇色在這本書中，主神以瑤池金母為主，義理上以佛法為本，是不錯的結合，直探宗教的本質，而不執著宗教相，頗契合後現代的宗教精神。如果有願以瑤池金母的義理探索為本的讀者，可參考《瑤池金母養正真經》、《瑤池金母普渡收圓定慧解脫真經》、《瑤池金母洪慈普渡救劫經》、《瑤池金母收圓寶懺》、《瑤池金母普渡救世六提明心真經》等經典，亦可得知其義理之一二。）

新版序

你身上隱藏著與神靈溝通的能力

人類赤裸空拳降生於世，看似不帶一物一件，但在人類靈魂印記中，卻早已刻劃下一道有如《哈利波特》主角哈利・波特相似的閃電疤痕，不同的是，哈利・波特額頭那道疤痕融合了父母的愛，以及佛地魔的傷害，而深印於你我靈魂的是與遠古大地相連的血脈印記。

這道印記隱藏著靈魂開啟神靈世界的神奇力量，它千萬年來始終潛睡在靈魂深處，只不過，歷經不可計數的輪迴歲月，我們淡忘它的存在，並喪失了傾聽神靈的能力。雖說如此，它們卻從未拋棄過人類；僅因為，我們手上仍緊握著與它連結的最後一把鑰匙——信仰。

信仰泛指膜拜鬼神、召請神靈、召喚祖靈及運用大自然界改變天氣運作。在遠古部落中，掌握此特殊且神祕力量的是巫覡❶，除了具備操弄無形界之能力，巫覡還能為百姓祈求平安、卜筮、祭祀、巫術醫病等。人們還堅信一國之君是天神所降、皇帝是巫覡的別稱，故稱他們為天子，百姓得以豐年安樂、天下太平，皆拜其所賜，因而甘於臣服於其之下——此亦為遠古社會封建制度的成因之一。

隨著時間演化，被掌握在少數人手中的信仰漸漸下放至民間，巫覡在坊間逐漸衍生出不同類型的身分，例如被神靈附身為祂們辦事的乩童、操弄大自然力量的巫師、召喚鬼神的薩滿、看透一個此生命運的命理師、解厄除煞的道士，甚至是筆者的身分——靈乩，靈魂深處也都流淌著與遠古巫覡相同的血脈與能力。

不過，你無須因不在其列而扼腕，無極界至高神尊之一的無極瑤池金母不忍眾生深陷輪迴苦、歷經千萬劫轉世而忘卻元神來時之境，於民國三十七年率無極界眾仙佛菩薩東降花蓮，自此開啟元神修練法門——靈山派。神祕深具祕密與奧義兩層涵意，而靈山派則統攝此三者（指神祕、祕密、奧義），令許多深入其門無數年的靈修人難以窺其全貌，可說是神祕中的神祕。靈山派開創至今已逾七十年，有數萬的龍鳳兒因過去生因緣而於今世啟靈走入靈修，同一時間，與神靈互通之能力也從前述的人們身上轉移至更多人身上，或許你也是其中一員。從靈修角度來說，當下可謂靈性方便法大開的世代。

在遭逢生命的低潮，而想從大自然界獲取逆轉的力量、想傾聽神靈給予命運指引時，你無須再依賴某些自稱擁有特殊能力的人，只要依照本書靈山派五母之一的九天母娘教導之心法與方法——

想要獲得神明保佑需具備三個條件：本身的福報、因緣，以及是否有助人之心。

拜神有三樣東西是基本——香、供品和明確的膜拜對象。

本書初版時書名為「靈驗！我在人間看見拜拜背後的祕密」，再版更名為「透視靈驗・我從拜拜背後發現改變命運的祕密」，新的書名更貼進內容與撰寫初衷。本書詳細記載多年以來信眾請示無極瑤池金母的靈驗事跡、祂教導信眾如何透過自身之力安渡生命逆境，以及眾仙佛菩薩親傳的靈修心法，你絕對可以從中吸取「靈驗」的精髓；經由神靈交感的拜拜儀式，不僅能化解人們平時因生活、工作所積累的恐懼、焦慮、絕望等負面情緒，還能減少人們因習性而導致的偏差行為。當生命落陷低谷，只要憶起本書裡的真實故事與無極瑤池金母的講解，便不用像隻無頭蒼蠅四處亂竄尋求江湖術士的幫助，也不必擔心被有心人士所利用。

隨著時代變遷，科技文明大躍進，人們口語間充次著3C、元宇宙、股票、房市等議題，逐漸淡忘老祖宗對大自然敬畏之心，也模糊了印刻在靈魂深處與神靈合一的血脈。不過，我依然相信，不論有朝一日是否能夠移居火星，人類共有的信仰精神裡頭嚮往的屬靈世界，仍然會在我們靈魂深處源遠流長——畢竟，與大自然、鬼神連結是人類心理基本的需求。

膜拜神祇一點都不迷信，它是我們與遠古人類都在使用的共同語言。與大自然、上天、宇宙、神靈連繫，完全可以促進我們達到心靈轉化與自我認同。只要你依循著書中所教導的觀念努力實踐於生活中，以及對拜拜、神靈建立起正確的觀念，我相信，你的生命將掀起莫大的改變。

——宇色，靈元院創辦人，二〇二二年於臺中家中書房

1 古代具有與神連繫、召喚鬼神的男女靈媒合稱。男為「覡」，女為「巫」。

緣起

人為什麼會想要拜拜？

人生，就像是一齣尚未寫好劇本就上映的八點檔大戲，透過播出的收視率和觀眾的反應，編劇群再依觀眾喜好、社會局勢、新聞話題等調整劇本：觀眾喜歡哪個角色就讓他繼續演下去，悲情角色就保持淒風苦雨，壞蛋反派更壞到骨裡，不受到觀眾青睞的就以各種方式讓他下臺一鞠躬……劇本走向從開始到結局，不僅出乎觀眾的意料，後續發展的情節也往往不在編劇的設定中——我們的未來也總是出乎意料，結婚、生子、事業、生病、親人往生等，很多人都是在誤打誤撞之下遭遇這一切。那麼，在這背後牽引我們走向各種際遇的力量是什麼呢？人們窮極一生試圖破解，卻始終如墮五里霧中，因此當生命觸礁面臨困境，即使平時沒有虔誠的信仰，還是免不得要到知名的廟宇拜拜，祈求神通廣大的神明垂憫，協助渡過命運的低潮期。

在二〇一二年八月出版了《我在人間的靈界事件簿》（二〇二一年已再版為大開本新裝版）之後，某一天，我到臺北國父紀念館旁的漢聲電臺接受採訪。主持人告訴我，她在閱讀這本書的時候，被一段關於拜拜的觀念深深觸動：

「走了靈修這麼多年，逐漸從拜拜菜鳥變成拜拜達人，對『拜拜』兩字的體會是，拜神的力量最終總是要回歸到自己。人們拿起香向祂們祈稟時，便是在心中默默給予自己希望與能量；拜拜最大的能量並非仙佛給予的祝福，而是藉由過程提醒自己『手中還有希望』。用真誠的虔誠心與恭敬心向祂們膜拜時，所產生的無形能量自然而然地牽引了人與仙佛殊勝精神；欲望太強、雜念太多，都會阻礙我們與仙佛之間順暢的心靈溝通。

某次我向祂們詢問如何以虔誠心拜拜，祂們以『杯子與鏡子』為例說，裝滿水的杯子是神像，鏡子則代表人們的心，少了虔誠心與純淨的心在拜拜，如同以沾滿塵埃的鏡子去照杯子，不管照多久，鏡子（心）永遠不會有杯子（神明）的影像；一顆恭敬心與虔誠心，如同擦得晶亮的鏡子，馬上就會映照出杯子的影像。是否很像密宗常言的相應法門？簡言之，拜拜是希望透過每一次的膜拜來擦亮自己的心，好承襲仙佛的偉大與殊勝精神，以大無畏的精神透過智慧與勇氣解決紅塵俗事。」❶

她告訴我，多年前曾因家人關係四處求神問卜，已到心疲力竭的程度。後來到了某一間宮壇，問完事後神明降乩告訴她到宮壇前燒金紙便能將事化解，她看著上仟元買的一大包金紙，熊熊火焰將小金爐燒得通紅，內心不禁感嘆：「燒金紙有用嗎？四處拜拜求神走了這麼一大圈，最終還是要靠我自己啊！」那天結束後，她不再盲目地問神拜拜，《我在人間的靈界事件簿》中的這段話，在她內心激起非常大的共鳴——「人們拿起香向祂們祈稟時，便是在心中默默給予自己希望與能量；拜拜最大的能量並非仙佛給予的祝福，而是藉由拜拜過程中提醒自己『手中還有希望』。」

這不是一本教你如何拜拜的工具書

日本知名管理顧問大師大前研一在《低智商社會》中寫了一段話——

「『智商衰退』並不僅發生在孩子和年輕人身上，連大人們也在做著令人難以置信的事情。比如說，電視節目裡一說到『納豆對減肥有幫助』，他們就會不假思索地立刻去買，第二天日本超市的納豆竟然被搶購一空。繼納豆事件之後，又發生了香蕉的搶購潮。還有，自從中國的冷凍餃子被檢測出有農藥後，所有人都沒有進行仔細的核對和辨別，但超市和飯桌上再也看不到中國生產的食品了。這種現象基本上是媒體，特別是電視進行惡意炒作造成的。媒體誤導了民眾，但是從根本上來說，是由於人們對事情缺乏主見造成的。」2

臺灣不也是這樣嗎？只要電視、網路一打開便能接收到一堆訊息，同時也使人們喪失了思辨的能力。臺灣人最投入的宗教活動更是如此——只要掛上某某大師名號、招財祕法、開運祕方，或是「老師」來一句「我只救有緣人」等，就有人一窩蜂追逐，深信不疑，這不也是一種未經思考的「低智商社會」現象嗎？

有人曾問我，靈修這麼多年應該也見過不少仙佛菩薩、學到許多的靈修術法，為何我的作品中卻鮮少歌頌神佛的力量，也很少分享我所知道的術法？我的想法是，祂們的力量就算神通廣大到能移山倒海又如何，想得到仙佛菩薩的幫助，回歸源頭是自己的心；少了心的作用，還是無法得到祂們的保佑啊！仙佛菩薩少了人拜，祂們也不會不見，但人們如果不認識自己，就會在宗教裡迷失自我。因此，與其歌頌祂們的能力，倒不如好好地教導人們如何去認清自己。

在一般人的觀念中，我們這種靈修人，似乎比一般人懂得更多繁複的拜拜儀式。不可諱言，坊間宮壇的拜拜儀式眼花撩亂、多如牛毛，有多少間宮壇及辦事者，便能衍生出多少種儀式，甚至因應不同的辦事者還有不同程序。

這麼多年來，我看盡了各種術法儀軌，也親身經歷過坊間較少見的祈福過程，包括點靈、認主、啟靈儀式等，有些確實能夠讓當事者短暫解決問題，有些則像鎮靜劑一般只能讓當事人心情上獲得一時的紓解，我於是深深體悟到——「拜拜是一種心理慰藉，想要心想事成仍須平日的積福行善，祂們能夠扭轉的並不是問題本身，是我們的願與善念能夠透過祂們的幫助接引更多的善因緣前來，再因為我們本身的努力以及執行力讓事情圓滿臻至。」

神明的拜拜學

遇過不少讀者向我詢問一個問題：「我要拜哪一尊神明才會一帆風順、發大財？」我也以戲謔的口吻回答：「你沒拜過的神我都拜過了，你覺得我有比較有錢嗎？」當你隨著大家一窩蜂跑往「據說」很靈的宮廟瘋狂拜拜時，是否有靜下心來好好想過：

「為什麼有人拜拜會得到神明庇佑，而我卻沒有？」

「大家都在求神賜富貴，神明幫助人的準則是什麼？」

「真的有燒香就有保佑嗎？」

曾有一位讀者問我：「為什麼你會想出版拜拜的書？」我不禁想反問：「當大家瘋狂拜拜求神時，是否有人可以站在神明立場去看待拜拜這件事？」

我所信仰的神尊瑤池金母、九天母娘，並沒有教導我如何拜祂們才能夠得到祂們的保佑，反而不斷地鼓勵我：「欲求天助，先求自助與助人，有自助助人，自然有天助。」在靈修路途上，我所學習到的並不是如何拜鬼求神，而是在以神識與仙佛交流的時候，思索著如何以不同的面向看待紅塵俗事的種種順逆，以及拜拜求神的另一層意義。

希望閱讀過此書的讀者，能夠跳脫拜神、拜鬼、拜祖先只為求平安、求順遂、賺大錢的框架，懂得如何以積極正面的態度從神鬼世界中創造出屬於一條自己的路！

1 《我在人間的靈界事件簿（大開本新裝版）》，二〇二一年三月，柿子文化事業有限公司。

2 《低智商社會》，大前研一著，二〇一〇年四月一日，中信出版社。

contents

捌 神明是無所不能的嗎？134

玖 有燒香一定有保庇？154

拾 拜到何時才有平順人生？172

終曲 187

壹．你拜的是神還是鬼？

只看到神明濟世渡人的良善面，還不算認識神明，直到你了解神明會善誘人性的黑暗面引導人走向光明時，才算真正明瞭宗教與神明的意涵。

鬼神。

敝作《我在人間的靈界事件簿》一書中，記載有瑤池金母如何解釋鬼與神的關係：「宮壇內真的有鬼嗎？大部分的神祇也是鬼嗎？瑤池金母引用陰陽太極原理解釋道：『水清無魚。』那麼為何有人宣稱宮壇內全是鬼呢？瑤池金母回覆說：『能見鬼不代表能見神。見神須有正念及一顆明辨是非、窮究事理之心，再加上穩重成熟的修行見地。成天滿口神鬼之人，其心並不成熟，又如何能見仙呢？』……有鬼必有神，有陰必有陽，重點不在於鬼或神，而是心念，善鬼亦是正，惡神亦是邪。」

我曾詢問瑤池金母：「宮壇裡的神明靈格多高？」瑤池金母說：「坊間所拜的神明都是待修行的靈體。」我繼續追問：「那麼，宮壇內有鬼嗎？」瑤池金母回答道：「有神，當然有鬼。」有鬼，神怎麼不除掉它們呢？相信大家也與我有相同的疑問，畢竟鬼神不同道，人都想與神站在同一邊，與鬼不兩立。此時，瑤池金母輕描淡寫地回應了一句話：「鬼不為惡，為何要除之？」當下令我愣在那裡、啞口無言。是啊！**鬼如果不為惡害人，神為何要除鬼？**再說，鬼與邪惡、恐怖畫上等號，不也是從小受到電視劇、電影和一些宮壇、道場、通靈人的說法所影響嗎？捫心自問，又有多少人真正與鬼面對面坐下，好好問它們：「你們有多壞啊？」**在宮壇廟宇內，人、鬼與人們所膜拜的神祇都是交疊在一起的。**神明會除鬼嗎？我所感知的答案是：「鬼與廟宇中待修行的神明皆是和平相處，我們拜我們的神，它們生存在它們的空間，互不干涉。」

是神明賜予明牌？還是鬼靈渴望香火？

宮壇、廟宇內的神像都是待修的靈，它們在智慧、才能與保佑人們的能力上有其限制性，所以，與其祈求得到它們的保佑，不如回歸自身！話說回來，鬼、神明與待修行的靈其實沒有明確的區隔，那麼，小間廟宇和宮壇到底是在拜什麼呢？我先說幾個真實故事，大家多少就有一點概念了。

許多年前，在南部某個鄉下，發現了一個因大雨而從上游被沖下的女性神主牌位，據當地人表示，不論河水如何湍急，該神主牌位始終生了根似的附著在河邊，動也不動。早期村莊的人心性純樸，不忍心讓牌位整日風吹日曬又浸泡在河流中，加上附近的石頭公指示此神主牌位有濟世助人之心，於是村人集資蓋了一間小茅屋，讓神主牌位有了棲身之處。神主牌位後期開始濟世助人，隨著受助者的口耳相傳，小茅屋逐漸變成現今廟寺的規模。在八〇年代大家樂盛行時，有不少秀場天王天后及藝人都會到此求明牌，但廟方表示，水流仙姑並不出明牌，純以救人看病為主——這就是屏東非常有名的水流仙姑廟之由來。看到這裡，讀者覺得水流仙姑是鬼還是神？如果以助人者是神的角度來說，是神；若以其出身來看，說它是鬼應該也沒有人持反對票吧？

只要是為求香火以續修行之路而助人，是神明或鬼靈已沒有那麼重要，重點是人對此須不過分盲從。

我聽過許多靈修前輩述說他們與靈界打交道的親身經歷，其中一位能觀鬼神的前輩告訴我，他從小就在宮廟後面長大，每每到了神明祝壽之日，廟宇前的陣頭表演、乩童入駕操五寶就是他最愛的娛樂節目。在大家樂盛行那段期間，他最喜歡與大伙兒半夜到隱藏在鄉野間的小宮廟，看各路神明降乩時寫下暗藏明牌的籤詩與圖畫。有一次，他才踏進宮壇，就遠遠看見——一顆男性頭顱緩緩從神桌下冒出來，還轉了轉，看看那圍在神桌旁的民眾。前輩當下便已明白：「這些臨乩降籤詩的都只是一方鬼眾，希望透過人們的膜拜、供養得到香火，永續足以讓自己存在於人世間的能量罷了。」

大家樂盛行時，我還是個小娃，跟隨大人半夜去看籤詩、香爐灰浮字的經驗並不多，長大後跑靈山，才開始有機會見識乩童辦事的能力。我一向對宮壇的神明充滿好奇，某次，抱著觀察宮壇文化和乩童辦事方式的研究心態，隨朋友到臺中西屯區一間香火頗為鼎盛的宮壇問事。神明降乩後，我看著女乩童趴在神桌前不斷喃喃自語，全程未抬頭看我一眼，聲音小且口齒不清，假使沒有一旁桌頭的翻譯，根本不知道她在講什麼。我愛追根究柢的個性於是當場發作，開始不停追問女乩童所說的每一句話：

「妳可以說明白一點嗎？」

「妳的意思是這樣嗎？」

「妳可以說話大聲一點嗎？」

呵……我不是故意踢館，是真的聽不出她在講什麼。那女乩童不停點頭、搖身體，絲毫感受不到神明的威儀，應該有六至八成是人的意識，再加上一點點微薄的外靈意識——走靈修久了，對於外靈氣場敏感度自然更甚一般人，更何況其實從外表就很容易判斷，心中很快便能有幾分底。

有一次，看到某宮壇推著一輛大鑾轎，因為距離太遠，無法看出裡面坐著哪尊神明，卻觀察到不只鑾轎上方坐著一個穿著女古裝的靈體，旁邊還站著另一個靈體隨著人們前進。我心想：鑾轎怎麼可能坐兩尊神像？又不是公車！我畢竟不是傳統宮壇出身，也從未跟隨進香團到全省參拜，還真的不知道兩尊神像要如何並坐在鑾轎內。

一直到鑾轎停妥，宮壇服務人員迎出神像，我才親眼看到兩尊神像靠窗面對面地坐在裡面。此時我突然意識到，媽祖出巡時，路上常常會有虔誠信徒「鑽轎腳」，這在過去，鐵定會被自己視為迷信，現在看到鑾轎上坐有兩個靈體，反而已能將這類習俗看成是：**人們希望藉由象徵信物來求得神明力量的加持**。與其把這些看作迷信，倒不如視為一種**心理療癒**的方式，只要不過分盲從，適度在生活中加一些宗教性儀式也是無可厚非。

大慈悲的神，助發財的鬼，你要拜哪尊？

鬼賜明牌助人發財，人因此而燒金紙、買供品回報，聽起來似乎只是一場商業交易行為。更令人好奇的是，鬼真的能預測明牌嗎？我覺得，鬼在紙上畫了一堆既似數字又像圖畫的內容，能猜出哪些數字，端看自己的福報而定。在這麼多看明牌的民眾中，只要有一、兩位能猜中，經過口耳相傳後又有更多人前來看明牌，民眾多就等於猜中機會大，不也是機率？鬼之所以被稱為鬼，就在於它們有與人相同的心性與習性；生前具有高智慧、高福報的人，死後有機會能轉生到天界，而淪為鬼的那些，預測未來的能力自然也相當有限。

有需求才會有供給，只要人不貪心，鬼又如何能引誘人去求明牌呢？換個角度思考，當你正面臨財務困難，具有超高智慧和慈悲心的神明不斷勸說一切苦皆因不滿足而來，諄諄教誨你要放下、不執取與知足常樂，另一方面，宮壇內的靈（說它們是鬼也行）卻能賜明牌、樂透號碼或讓生意興隆，你會拜誰？拜前者？都已經苦到繳不出房租了，還談什麼知足常樂！拜後者？但那又不是高靈格的仙佛菩薩……

人們常有一個迷思，認為神明的力量應該都比鬼高。從某方面看的確如此，但要講到賜明牌、發小財、保佑桃花不斷，真正靈格極高的仙佛菩薩可能不會比在宮壇內受人們膜拜多年的鬼還要厲害。**無極天界那些高靈格的眾仙佛們，甚少插手人世間這些雞毛蒜皮的小事**，如果人能在某些因緣之下與祂們意識相通，祂們最期盼的都是傳下能夠教育人心、勸誘向善的話語。況且《道德經》中有云：「禍兮福之所倚，福兮禍之所伏。」福與禍常常伴隨而來，看似禍，是因我們短視看待，以長遠來看，是福即將到來，只是未經修練之心一般很難體會其中的真諦；看似福，又隱藏著禍在其中，往往是樂極生悲。既然古人聖賢都明瞭此道理，仙佛菩薩怎會不懂？在祂們眼中，**人們所受的苦，是自己今世心性、累世造業所承襲下的果等種種因素交織而成，不論原因為何，祂們皆以平常心看待。**仔細看佛陀、菩薩的神像雕刻，祂們的眼睛大多呈現細長、俯視人間的樣貌，這也是在告訴我們，祂們皆以慈悲心、平常心與順緣心來看待人間，深知人世間的苦皆是一時。

一夜致富或一夜潦倒，皆是神明點化人們的手段

神明的思考邏輯往往出乎常理。很多人都以為，走靈修的人整日都是拜神、跑靈山、祭改、赦因果、靈動，根本沒什麼有智慧的修行方式，我得說這只是表面，靈修的內涵其實非常深遠——**形而下的修行儀軌是為了促成靈修人心神領會更高深的形而上智慧。**就以祂們降下的一段詩文來說明：

「天地陰陽開，太極轉陰陽；伏羲觀天地，看透人世間，
心中知天地，需先了陰陽；天道人世間，何需向外求，
笑看人世間，思透古聖賢；豈知古人賢，唯悟了自先。」[1]

這段話提醒我們：**了解自己心的作用，自然就了解天地間萬事萬物生住異滅**

[1] 此段仙佛菩薩所降詩文之來由，請參閱《我在人間的靈界事件簿（大開本新裝版）》第五二頁。詩文全部共有八句話，在與祂們會靈後憑藉記憶抄下來，因在會靈中必須以元神與祂們會靈，專注力全在會靈中，結束後對於詩句印象僅剩下此三句。

的原理。道就存在人世間，觀察事物不要只看到一面，而是要學習看見事情背後的另一面，才合乎道與陰陽的原理。在走靈修時，我所學習的不僅是形而下的修行儀軌，參透形而上的事更是少不得的功夫。

我常問人家，為什麼在大家樂於臺灣掀起一股簽賭風後的今日，各式各樣的彩券並不少，琳瑯滿目而且年年更新，搞得人分不清哪一種彩券要怎麼玩，簽賭風卻仍然不比當年的大家樂興盛？神明的世界不是常人所能夠理解，鬼就是惡、神就是善嗎？妖就是無情的象徵，神就是慈悲的化身嗎？看完瑤池金母這段對於大家樂興盛原由的描述，你才會恍然大悟這一句古人云：「千算萬算，抵不過上天的一撇。」

神明善誘人性而觸發信仰，好壞禍福可能隱含更多層深意，你是否有智慧和力量看透？

據瑤池金母的說法，大家樂盛行約在八〇年代或更早之前，人們對神明的認識並不多，除了較熟悉的土地公、媽祖、觀世音菩薩、玄天上帝、三太子之外，許多層級更高的神尊如鴻鈞老君[2]、九龍太子、金龍太子、三清道祖、東王公、

[2] 據傳為三清道祖的師尊，另一說為盤古老祖。

瑤池金母等，大家通常都十分陌生。當時臺灣人常拜的是較具規模的宮廟，甚少駐足路邊小間的神祇廟堂或宮壇，為了讓更多人認識各層級的神明存在，並使人在心靈上有所歸依，得先投其所好，才能讓人們走入廟宇、認識更多的神祇，不分大小廟規模而起信仰心，也讓坊間許多待修行的靈體有助人的機會。

東方人好賭世界聞名——不僅是在臺灣，香港、澳門、大陸等亦如此，為了能簽中大家樂，人們自然會無所不用其極地想得到明牌。於是，各地宮壇就像便利商店一樣，一家一家地直營又加盟，人與神的關係也變得更加親近，無形間拉攏了人對神明的信仰之心。一旦見識到神明降乩時的能力，求神也漸漸變得不再只是為了問明牌，開始有人到宮壇祈求解決家中大小事。

大家樂的盛行讓人們認識到更多神明的存在，也讓那些藉由助人以達修行目標、增添香火的靈體得到更多機會，以便快速往更高層次邁進。事情本來就是好壞、福禍、陰陽相隨，大家樂讓信仰走入大街小巷，香火更加興盛；同時也讓更多家庭因賭而破碎。在人們心中，神明應該是慈悲、良善與勸人向上的，怎麼會有如此作為呢？對此，我要提醒大家：「神明既然能夠讓『因』發生，自然也知道人性並了解『果』將如何運作，至於這個『果』要如何善終和發展，還是要看人性。」懂得理財的人會因十塊錢而致富；不懂理財的人，就算給了富甲一方的家業，也未必能留下一分。這證明只有人本身的智慧和力量，才是決定事情發展最重要的因緣。有時候，人再努力也很難了解命運的安排、再聰明也猜不透神明的心思。愚鈍之人須從書中了解事物；聰明之人能以平靜心觀察世間萬物，在心明如鏡下看透一切，但這得一步一步從苦修起。

所以，我們明白：有時候神明會善誘人性中的欲望、貪婪，進而觸發人們內心的信仰——祂們了解人性的弱點，只要因應人心需求與不同習氣，採之善巧方便❸，就能達到目的——了悟自渡而渡他人。

❸指為了達成某種良善或圓滿的結果，權宜運用各種不同的手段和方法。

拜拜小祕訣

信而不迷才是拜拜的中道

關於求神問卜這檔事，我的觀點是：**事事捫心自問——求神問卜只是一時解決之道，最終還是要靠自己面對現實，運用智慧與勇氣解決問題。**許多人沉溺於宮壇，事事皆問神，但最終致富者和開悟者並不多；就算有錢，也無法開啟內在智慧，以圓融的態度來解決人世間的問題。

我曾遇過一位個案分享她在宮壇的故事：因為「神明欽點」，她與乩身的兒子生了小孩。「看著電視上被報導遇到宗教雙修、騙財、騙色的人，都覺得他們怎麼這麼笨，想不到我竟然也被騙了這麼久……」她自認為很聰明，卻還是陷入宗教迷思走不出來。

這當然不是唯一的案例，「我抱抱妳，是給妳的恩寵。」「我抱妳一下，是給妳加持。」「全部女學員（信徒、弟子）當中，只有妳享有此福利——我的加持。」這類藉宗教之名行個人色欲之實的鬼話層出不窮……

未經實修苦練和在正信宗教下有系統的修行，**財與色這兩項人性中最大的弱**

點，不會只因宣稱替神明辦事或自稱心靈導師而消失，這在宮壇、道場以及坊間身心靈工作坊主事者身上，都可能成為大問題。

個案是因為姊姊介紹才走進宮壇服務、修行，對於她因此而未婚生子，她姊姊自責不已。事後個案告訴我，看了《我在人間與靈界對話》、《我在人間的靈界事件簿》，她終於清醒了，不再沉溺於天命、天職的迷湯中，但姊姊依然爬不出來，而改去另一間宮壇。

最後我送她一句話：「當神明的本意跨越了人界，不是人們假傳旨意，就是神棍或假神明。」

神不可能欽點人們去做任何事，祂們只能給予建議，不會以恐嚇、威脅之口氣命令任何人，那並不能誘導人心走向解脫。

對於拜拜，我亦以相同觀點來看待，坊間宮廟的神明確實有助人的能力，但祂們多與我們相同，都是在人世間修行的靈，**助人的力量有限。**

人們有急難時，拜拜祈求神明救急是人之常情，但要記得：神明助人不過是「魚幫水，水幫魚」，只要能力所及，祂們會協助人們心想事成；只是，萬物皆隱藏陰陽之道於其中，**人應事事保持平靜心來看待世間一切，而不是將人生的主導權交由祂們決定。**

拜拜求神的保佑應該是站在「自我努力」的基石之上，而不是一遇到挫折就拜拜求神——拜拜能解決一時之苦，卻不是解決苦的根本。

信者因拜拜心起力量，這是**中道**；

迷者因拜拜失去判斷，這是盲目。

此外，我不反對拜宮壇小廟，甚至可以說不鼓勵大家鄙視小廟、一窩蜂地往大廟擠——**不管是大廟還是小廟內的神明，都應無分別心地看待**。靈格極高的神明以平常心看人世間的苦難，認為可以磨練人性走向光明，其所思之觀點非常人所能想像，但人畢竟有七情六欲，現實生活上難免遇到突破不了之事，此時與我們心性較接近的神祇就發揮了祂們的功能，就像鄉間小診所的醫生比較會與村民噓寒問暖，大都市教學型的醫院就少了那麼一點點人情味。更何況，只執著於大廟或高靈格的神，也不是中道的表現啊！

拜拜之前你一定
要懂的關鍵字

中道

「中道」在東方思想中頗常見，《中庸》提到：「中也者，天下之大本也。」中道是修心與行事的一大準則，過度與不及皆非良好的行事態度。道家的陰陽觀亦是中道的表現，陰陽是一種既表現出對立、統一，又具矛盾的關係。佛陀曾以木材漂浮在水面為例講解中道的意義，木材要順利從上游順水而下運行到下游，不能太靠近左右的岸邊，否則將會擱淺，而太過沉重將會沉到水底。在人生旅途中，事事要學會適量、適中、適時，對喜好與厭惡之事皆不能過度執取。舉例來說，我在國小五、六年級開始吃素，後來因為工作關係而面臨茹素與開葷的抉擇，當時瑤池金母點醒了我：「你要因執取某一點而放棄更大的學習嗎？」我看見自己是為了那短短三吋舌頭而在執取，卻忘了修行在於心而不在於舌。從此，我對於茹素與吃葷的態度是：隨遇而安——對我來說，方便素不僅是肉邊素，「方便」兩字在佛教用語中本就有靈活行事之意，這也是一種中道。

貳．你真的懂神明的用心嗎？

深信是信仰的來源，宗教信仰的力量來自人們不動搖的深信。欲從信仰中得到力量，須先體會恐懼與不安。

相信。

「『恐懼』是引誘人親近神的第一步。」如果你知道這句話是神明教導我的「神明心理學」，一定會覺得不可思議，神明竟然比心理學家更懂得人心！必要時，祂們甚至會操控無形事物讓人們心生疑懼，進而起**信仰力**。**人拜拜是希望得到神明保佑，但有時祂們助人的方式，是以物極必反的道理來讓人們「做中學、學中覺、覺中悟」，用心性體悟一切**。這是因為，唯有心理與身體遭受挫折，才會心生懼怕，有了懼怕才會覺察自己存在的價值。

法國哲學家笛卡兒留下一句名言：「我思故我在。」思考自身存在的價值與意義，才能體認到我「存在於人世間」；只是，好言勸告一般人總是聽不進去，就像一個老菸槍一定聽多了旁人叫他戒菸的話，但真正戒菸的又有幾位？人往往要等到身體有了病痛，才會警覺健康的重要性。因此，戒菸公益團體常找因罹患癌症、重症而戒菸者當代言人，而少以正妹型男擔任戒菸大使，原因就是在於：唯有讓人們看見疾病對身體的折磨並為此恐懼，心才會起「戒」。同樣的道理，人們何時才會相信神明的存在並信仰神明？很簡單！看見鬼、感到害怕或覺得人生苦惱不斷時，就會想到神明與宗教，這就和「小孩在外面不管如何野，肚子餓時就會回頭找娘」是同樣的道理。

拜拜之前你一定要懂的關鍵字

信仰力

一般人常會將信仰與宗教畫上等號，但就哲學思想來說，信仰與宗教有明顯的區分。信仰純指對古人聖賢與德高望重的思想、主張認同而當成生活規範，或是景仰神、鬼、妖、魔與大自然的力量，奉為生活上的行事準則；不論是前者或後者，都具有相同的意義——信仰力是協助人們走過人生低潮時的一股無形力量。不過，宗教未必有相同的信仰力，有些人知道鬼神的存在，卻沒有情感上的交流與體驗，所以只相信宗教卻未必信仰宗教。

怕鬼的時候就想到要拜神了

有一次，我與朋友出外遊玩，當地有間從以前就相當有名的監獄，我們前往參觀的那天，充當導遊的民宿阿伯透露，這裡發生過一場非常嚴重的鬧鬼事件。

「監獄當時關著一群二二八時期政府對外宣稱是政治犯❶的年輕學子或知識分子，在人滿為患的情況之下，獄方不得不將後面村落的居民趕往另一邊居住，另蓋一間監獄收容新的政治犯。

原本寧靜安詳的村落，在被移平蓋成監獄後，鬧鬼事件頻傳，就連將監獄改建為八卦形依然擋不住。一到夜晚，就會聽見犯人直喊被鬼壓和其他被鬼鬧的驚呼，犯人、管理人員三不五時就遇見靈異現象。當時，獄方的最高主管肩上掛著三顆梅花、官拜上校，並不信邪，加上與巡察員一同到鬧鬼處查視時也沒有看到任何異狀，這一切因此被認為是無稽之談。

某一日，他們一行人到碼頭的倉庫拿取貨品的時候，上校突然像中邪般倒地不起……經村民告知原委後，才在此處搭建一座觀世音菩薩廟，以安鎮此地區的鬼魂。」❷

雖然現在監獄已經成為觀光景點，不再收容犯人，但當時所建的觀世音菩薩

---

❶ 二二八事件時全省各地都有監獄囚禁與此事件有關的政治犯。

❷ 隨著時代變遷，這個傳聞已略有改變。

廟還繼續在原地守護著村民，廟裡的菩薩神像底座下，仍刻有當時坐鎮此處的指揮官名字，此廟便是那位上校自費建造的。

對於阿伯所說的鬧鬼事件，我深信不疑，但此事件卻有一環讓我覺得不合邏輯——假使那塊地屬於陰地，地底下埋著前人的骨骸，村民在居住時早該有鬧鬼事件，怎麼會原本平安無事、移平村落蓋成監獄後才頻傳鬧鬼事件？我是一個好奇寶寶，很喜歡鑽研和靈異、玄學等有關的事情，此事正好是我向瑤池金母請益的好教材。

無形之事背後往往有複雜的因果關係，超越表面的深刻思考才能明白神明善誘人心的深意。

原來，最早降臨此處渡化眾生的神明就是觀世音菩薩。早期此地居民多以捕魚為生，有一年，居民們連續幾個晚上都看到附近山丘有紅光閃現，一開始他們以為會有怪事發生，過了許多天卻始終沒有異狀。由於此地海岸多珊瑚礁，漁船晚上若遇風浪十分危險，漸漸地，人們開始認為，夜歸迷航的漁船只要依循山上的紅光方向前進便能靠岸。當初這片山頭上杳無人跡，居民們尋找多年，才在荒煙蔓草的山上找到一個山洞，裡面有一塊形狀神似觀世音菩薩的石頭。這就是觀世音菩薩在此地首次顯跡，居民也因此而建廟奉祀。

到了二二八時期，全臺都籠罩在政治事件的陰影下，此時村子裡關著為數眾多的囚犯，再加上政府有心操弄，平民老百姓自然會對政治犯心生恐懼與不安。為了安撫居民，觀世音菩薩再次顯現，這就是方才所說的鬧鬼事件。因當時政治關係，用「神蹟顯現」必定會被獄方執政者視為怪力亂神，唯一的辦法便是利用人們潛意識中對鬼的恐懼與不安，人怕鬼時才會想向神明祈求平安，甚至蓋廟安鎮鬼魂——這便是觀世音菩薩第二次在此次顯現。瑤池金母道：「常人僅知仙佛菩薩會顯現法相，殊不知有時為了讓人們相信神明存在，會因地制宜藉由人們對靈的無知，促成人與神之間的因緣。」

觀世音菩薩在此處的最後一次顯靈是在民宿阿伯身上。阿伯與觀世音菩薩有某種因緣，所以在民宿附近蓋了一間小廟供奉菩薩，自己則成為乩身為人服務。

瑤池金母告訴我：「三點為一陣法，將此三處供奉觀世音菩薩的地點連起來便成為一個陣。因為此陣，當地居民從此平安無事。」從地理位置來看，小廟、民宿阿伯與類似觀世音菩薩的石頭剛好可以連成一個三角形；在術法上，三點便能形成一個陣法，當時二二八事件的不安氛圍籠罩了全村，神明降臨讓人們在信仰中產生安定心，具有其保佑鄉民平安與穩定人心的功能。同時，這起事件也點出人、鬼與神三者之間微妙的關係——「因人性對鬼的恐懼，而心起對神的信仰力。」瑤池金母對這件事的解釋，我抱持著「存而不論」的心態去看待，比較在意的反而是，這般的解釋是否能讓我對人生、因果、鬼神有更大的思考空間與思辨的機會。

這件事教導我，**看待無形之事不能看到表象就妄下判斷，背後所牽涉的複雜因果豈是人們所能輕易預料？**想看見光明的力量，必須先安住於黑暗當中；想在生命中看見奇蹟，必須先從生命的低潮體會恐懼。瑤池金母告訴我：「要讓人們對信仰升起不動搖的虔誠心，就是令人們心生畏懼。」

除了本身有與生俱來的善因緣外，人們在生活順遂、身體健康、闔家平安之際，不太可能到廟宇上香拜拜，更不用說是修行了。當神明想要善誘人心使之產生信仰力，第一步就是利用人潛意識對無形事物的未知，讓他們試圖尋求神明幫助。我遇過許多原本對鬼神、命運鐵齒不信的人，他們最後走入靈修最大的原因往往是：努力不輸人卻依然四處碰壁，人生始終不如意。藉由瑤池金母教導我的觀點，我深知這是神明善誘人心、協助他們找到心中信仰力最直接的方法：**從生命低潮的徬徨不安找到自己的信仰，便會產生堅定不移的信念。**

鬼神的事情很難以常理來判斷，有時看似神明助人，背後卻可能是低等靈為了得到香火、修得正果才出手相助；看似鬼魅作祟，背後反而可能有更大的力量在引導人心走向光明，這類故事在找我問事的案例中也發生過幾次……

外靈？元神？幻聽？還是……另一個自己！

一對母女遠從南部來臺北問事，一進門，我便發覺那位母親表情十分凝重，可以感受到她對女兒的問題非常在意。

原來，個案常常會聽到莫名的聲音，「從小我就有幻聽，大約小學四年級時，會聽到有聲音叫我路上小心、提醒我該注意的地方……有一次我故意不聽，結果就扭到腳了。」那回是在小學打球，那聲音提醒她說：「不要踢球，妳會受傷。」她反其道而行去踢那顆球，一不注意，腳碰觸到球的當下就扭傷了。

隨著年紀增長，原本隱匿不明的聲音也愈來愈明顯。

她告訴我，那聲音漸漸取代自己原本的意識，國中時，她曾失去意識走到學校欄干處想往下跳，恰巧同學走過來拍她肩膀才清醒，假設沒有那位女同學，她說不定就這樣跳下樓了。

二十多年來，母親帶她去過無數的宮壇和道場，也問了不少通靈人和乩身，得到的答案都不相同，有人說是九龍太子降乩在她身上，有人則說她帶辦事命。除此之外，她也看過精神科醫師、吃了不少藥，但效果都不顯著，問題始終無法解決……

我問她母親是否有墮過胎，她母親極力否認，表示老家附近的神明降乩時也有說她墮過胎，但是她確實沒有拿過小孩。某些理論認為，前胎拿過小孩會影響後胎的生長意識，那並不是指嬰靈之說，而是另一種靈魂學觀點，對此，我仍抱持觀望的態度。

唯一可以確定的是，絕對不是鬼魅之類的外靈在她身上，外靈很好辨識，大多一眼就能看出來，**在我的問事經驗中，也甚少遇到真正卡陰很嚴重的**。對於她幻聽的來源，我當下並無法確定是什麼，既然卡到陰的機率不大，那就可能是精神分裂、元神甦醒、兩條靈魂在一身，或其他我沒有想到的情況。我問她母親，女兒小時候是否經歷過暴力、性侵等事件，她沒有看我，立刻搖了搖頭。

我詢問九天母娘時，祂只回答一句話：「讓它出來講話就知道了。」原來，那個聲音並非隱蔽性的，而是透過個案的身體出聲，於是我拍拍她的背，念了一長串靈語引導她身上的靈開口，起初它先是發出低鳴，不久便伴隨著哭泣聲。我問她母親之前帶去給別人處理時，這聲音能透過女兒身體說話嗎？她母親說：「都是說一些我聽不懂的話。」又過了一會兒，個案就開始講靈語了，「……&%%&@#！」我一聽就知道那靈語只要能與後天意識相融合，便可說出白話。它不是鬼魅外靈也不是元神，這點我可以確定，但那是什麼？九天母娘告訴我：「兩條靈一起投胎，今世她要靠自己將兩條靈融合為一，那是她的命，是福也是禍。」

我用兩指輕敲其背請她講出國語，她卻尖叫不已，這動作看似輕拍，對她而言卻像火焰在燃燒——這是靈修力的一部分，處理事情時我很少用法器，就是透過手和意念來處理。經不起我的手敲戳，它發怒了：「你不要再戳了，你不要再戳了啦！很痛你知不知道？」它一邊哭叫一邊抓脖子表示很癢很癢。

我沒有理會它的怒氣，但個案的母親在一旁很焦慮，不斷遞毛巾替她擦淚和汗水。又過了一會，它說要喝水，她母親要去倒水時被我阻止：「那不關妳的事，要喝水她自己倒。」從她們一進門，我便觀察到，個案這樣的情況，她母親要負一半責任。女兒已經二十六歲了，心性仍然很單純、封閉、沒自信，除了天性，母親的溺愛也脫不了關係。**靈的問題分外因、內因和內外因，十分複雜，不會是僅僅一個原因就引發。**我不斷用手指戳個案的背，它則以幾近嘶吼的聲音叫我住手，場面頓時變得有點火爆，不過，我倒很想看看它還會有什麼反應。靈的力量很奇怪，我常處理外靈和卡陰的事情，不管我如何激怒，它們總是像一隻關在籠子裡的猛獸，**雖不斷狂吼，卻從未出手反擊。**

她母親問我是怎麼回事，我只告訴她說：「看似要害她，其實也是要幫助她。」這樣複雜的靈問題很難三言兩語就解釋清楚。它一聽到我這樣說便開了口：「我是來索她的命。」

這是靈的另一種現象，一般來說，**鬼魅或神明等外靈附身，它們的意識形態都會非常清楚**，對於人們所問的問題都能夠堅定回答。**元神甦醒或伴隨另一條靈轉世者就不一樣了，它們的意識反而比較像是應聲蟲或鏡子**，當事者心中所想或旁人所講的話都容易成為一種暗示性的話語，影響其反射行為與表達內容，不了解情況的人很容易受它們影響。而個案身上的靈，既不是鬼魅外靈，也非神明轉世，更不是元神——嚴格來說，是待融合為一的靈魂。

當它說出要索個案的命時，我叫道：「閉上你的嘴。」難怪九天母娘要我讓它出來講話，搞清楚狀況就了解一切了。她母親表示，二十多年來，她們已經被它搞得快瘋了，每一間宮壇、乩童所講的都不一樣，一下子是神明轉世，一會兒又說她女兒帶有辦事天命……

當她母親進一步詢問我它到底是什麼時，它透過個案的嘴巴不耐煩地說：「我們是雙胞胎。」

我立刻告訴她母親：「不管它說什麼，此時都是假的。」

一個人必須經過社會歷練和宗教學習，並擁有堅強的心靈和圓融的處世智慧，才真正有能力為神明辦事。

暫且不論它是什麼，我可以肯定的是，她現階段絕對沒有為眾生處理事情的能力。她已經快二十七歲，失業多年，每天就躲在房間裡，不接觸人群，無法從社會學到應有的歷練，此外也未透過宗教嚴謹且有系統地學習，如此的生活背景要為人辦事，豈不是小孩開大車？一顆未經過鍛鍊的心靈，要如何分辨自我存在的意義？如何看透他人的問題？

似乎只有在華人世界，才存在著不需經過後天實修和苦練、天生就能為神明辦事的說法[3]：動不動就拿出八字、紫微說自己擁有超乎常人的命格，或是有異於一般人的特殊體格、經歷，抑或能看到搞不清楚狀況的光影等就被冠上開天眼或具有辦事能力……

[3] 這是因為在東方國家比較會有降乩之類的事。

全天下的問題，只有自己才是解決者

九天母娘告訴我，這條靈不是外靈，而是在轉世時便與她一起來到人間，為的是要幫助她建立自信，以心理學的角度來說，就是次人格。事實上，它的出現也是在她最低潮的時期。原來，個案從小就常被同學說是恐龍妹，也遇過很多次被不認識的人當面叫她「去死一死」之類的話，在極度沒有自信的環境下長大。承如九天母娘所講的：「一個沒有自信的人，最大的挑戰來自於自己，戰勝了內心也就戰勝了外在的一切，這條靈表面上看來是害她，但只要她能夠力克這條靈，與它合一，未來一切就會改善，所以就某部分來說，也是要幫助她面對人生的挑戰。」

我向她母親轉述了九天母娘的話，並建議個案現階段最好少接觸宮壇，一來似是而非的言論無助於她的思緒，二來希望她快點站起來去面對人群，找一份正職工作。我告訴她：「妳都已經快二十七歲，失業好幾年，總不能一輩子靠母親養吧？」她的情況表面看來是卡到陰，背後卻有許多議題是不能忽略的。此外，家族性的問題也需要進一步溝通與處理。單純就精神與靈的方面來說，若有狀況，通常與原生家庭有很大的關係，其中也包含了她母親——**一個人的童年記憶**

會影響未來成長的百分之七十左右——要討論個案種種的異常狀況，如何能將她母親排除在外？但因時間關係，我並沒有進行深度的了解。

無形的術法必須搭配有形的努力，否則都只是曇花一現。

最後一項就是幫助她建立自信——**這世代其實有許多人在心靈與經濟上無法獨立自主**，遑論是一個從小在不被同儕認同的環境下長大，而且二十多年來一直受到另一個潛在聲音困擾的女孩子。許多問題，在個案的闡述過程中就已透露出其中的複雜度與核心點。許多人都有一個迷思，以為神明、通靈人可以給予靈丹妙藥解百憂，因此，我對她們言明：「妳的問題找過許多人，也困擾了多年，如何寄望我在一小時內解決全部？這對妳和神明都很不公平，不是嗎？」**全天下的問題，最終回歸自身才能徹底解決**，任何人如果表示他擁有立竿見影的方法，不是他未了透真理，便是自欺欺人。

經九天母娘的同意，可以藉由靈力讓另一個靈魂意識降低一年左右，不過她還是得自己努力克服——任何無形的力量都必須靠後天有形的努力，才能相輔相成；**術法不太可能單獨成立，都是依靠在意念、信念的基礎上，這也是一些通靈**

人或宮壇在處理無形之事都只有短暫效果的主要原因。令人好奇的是，要看透無形術法需搭配有形力量這個道理，一般人的確不容易做到，但為什麼連宮壇的神明都無法看穿她問題的癥結呢？這是因為祂們大多僅是待修練的靈。

最後，我告訴個案：「短時間我能做的，就是讓那個靈魂意識在一年內降低，至少不造成妳的困擾，在這期間，妳必須努力去工作賺錢、交男朋友等，享受真正當一個人的權利與義務，掌握人生主導權。如果做不到，任何術法都只是曇花一現。」

發生在眼前的事情，往往藏著一體兩面的因果關係。求神拜拜時也是如此，有些人拜拜之後人生反而更不順遂，有些人選擇修行路後生活挫折更多，事情都不能只看表面，**或許背後隱藏著神明的某些教化**，只是方式不同罷了。

拜拜小祕訣

拜拜前，先靜下來好好想想逆境背後的人生課題

曾聽過一個真實故事，幾個在大學學道術的學生，常隨著社團老師四處參與祭改之事，回來後身體感到不適，彷彿被煞氣沖到，而社團老師卻沒有為學生處理。有人說是老師要留一手，也有人說是學生的學習態度有問題（不願意吃苦實修，想得到更多卻不想深入研究），所以老師故意讓他們吃一點苦。因煞氣已造成身體不適，學生於是自行找尋其他門路，諸如催眠、佛教、密教等，只要覺得對自己有幫助的方法統統都試了，據說還是無法解決❹。

聽到這故事時，我心中只想到一件事：既然是因為學道術而中煞氣，應該從道教術法中找答案，怎會去尋求其他門路？但這似乎是臺灣人在修行時的普遍心態，對許多事情一知半解，平日又不願意下苦心實修，遇到問題就像無頭蒼蠅一樣四處鑽。拜拜也一樣，**許多人拜拜就像逛百貨公司**，遇到週年慶、佳節促銷便一窩蜂地往人多的地方衝，不管拜什麼，反正有拜有保佑，拜後不如意就尋找下一間廟或宮壇求神問卜……

❹後來，社團因學生看清老師種種令人無法接受的行為而解散。

拜了神明還是無法心想事成時，先別怪神明不幫助我們，有時祂們是以另一種方式給予幫助，只是我們以凡人心看待、搞不清狀況罷了。南傳上座部佛教長老阿姜查禪師曾說：「如果沒有智慧，我們的心將會不斷地欺騙自己，而在苦樂之間不時地打轉。」當生活不順遂、拜拜又不如意時，先不要急著對人生與神明下判斷，應該靜下心來思考這些波折可以讓我們學習什麼；有了寧靜的心，才能有足夠的智慧觀察逆境背後的功課，或許會悟出更大的道理也說不定。

參．冤親債主何時超渡得完？

我們有時會將今世種種不如意推給歷代祖先靈，卻忘了自己也可能是祖先所轉世，今世的不順遂，也只是我們承襲過去世所造的業罷了。

祖先靈。

每到農曆七月，各地廟宇、道場，總會一窩蜂地舉辦各種由不同仙佛菩薩所主持，消災祈福或超渡祖先、冤親債主等法會，隨著網路科技進步，法會甚至毋須人親臨現場參與……這些法會的效用到底如何？九天母娘說：「不知過去因結下何種果，如何得知今世種種業與前世是否有因緣？不知冤親債主何名何姓，你又要將他們超渡去哪？」

既然不知要超渡誰，又何必做無意義之事？有些人或許會認為：「超渡法會能讓參加法會的人得到一種心理慰藉，人會因看不到的無形事物而恐懼，所以只要別人說已將冤親債主超薦到西方極樂世界，便會比較安心……」然而我不禁想問：「為何要將人生主導權建立在未知與他人身上？」這樣的盲從行為往往只會招來更大的問題——無意義與無價值的生活態度。

請先想清楚，超渡冤親債主對你的意義是什麼？

人活著並不是將人生主導權交由他人決定，而是對自己所說所做的每一件事，都很清楚知道它對自身的意義；假使無能力了解問題本身，至少也要很清楚自己是否覺得此事有意義。換言之，「別人怎麼說我就怎麼做，反正別人比我懂」是種消極看待人生的心態，「有人這樣說，而且我覺得對自己也相當有意義」才是對自己的人生負責。很多人都說今世不順遂是冤親債主或祖先靈在作祟，要辦超渡法會才能得到平安，此時要問自己：「辦這場法會對我有沒有意義？」有沒有意義取決於自己，這是自由心證。

要注意的是，「有沒有意義」並不等同「有沒有效」，「有沒有意義」只解決了「是不是能夠安慰心理」的層面，它建構在**慎終追遠**的基礎上；而「有沒有效」才是坊間人們認為人生不順利與祖先靈或冤親債主有關，因而想要舉辦法會的初衷……

不要忘了，或許你也可能是自己口中的祖先轉世

有一位中年後開始出現腦性麻痺症狀的個案來找我問事，當時他身體一邊的手與腿已經不良於行。一開始，我們先談論他未來的工作發展，接著才逐步討論到身體的健康情形。

據本人表示，他的家族同輩中，大多有腦部疾病和家運不順的狀況，曾有許多人直指他家族的問題與祖先所造之惡業有關係：他們的祖先曾是強盜，造成許

多人生命與財物的傷害，因此後代子孫多人事業不順、身體和精神出現狀況。隨著年紀增長，他的身體漸漸無法行動，於是想了解是否真有祖先業力的說法。以他的問題而言，**我相信一部分與祖先業力有關，但沒有其他因緣聚集的緣由嗎？**例如前世的因果疾病（前世曾受傷，今世造成身體疾病）；今世的人生功課，藉此疾病反省本身的心性問題……不過，就算追根究柢去查，或許依然無濟於事，一切皆要回歸於今世來談。

既然不論是祖先業、冤親債主或因果病，在今世都是「果」的呈現，那就要反問自己今世是否常抱持積極良善的態度助人❶、深讀有意義的書如聖賢經典古籍❷、靜坐念經並保持儉樸習性等，當然還包含了定時的運動與良好的飲食、生活習慣。這些都有助於消除我們今世身、口、意所造的惡業、累世因果惡業，以及祖先業。

關於他的問題，瑤池金母反問說：「身為祖先後代的你，有為祖先和今世家庭做過什麼善事？不要將錯全推給祖先，別忘了，或許你也曾經是自己口中的祖先轉世。」我對於個案的身家背景本不了解，但根據瑤池金母這段話，大致可以猜測到：「在你們家族的同輩或長輩中，未曾有人有宗教上的修持，或在生活上有修心養性的功夫。」他點頭肯定了我的想法。

❶助人，並非盲目地四處助人，而是先端正內心與習性。「心」有了力量，才能使他人也有力量；自己能微笑看世間，才能讓他人微笑——助人的心態必須得結合正念。

❷以能量學的角度來看，閱讀的力量直接影響本身意念的正與邪，故修行應包含多閱讀聖賢古籍。

在將今生的不順遂推給祖先靈前，不妨先問問自己，今生今世我們發揚光大宗氏家族了嗎？這裡並非指光宗耀祖的豐功偉業，只是行走在人世間，人的所作所為本就代表自己的家庭與宗族。我們有可能是自己的祖先所投胎，今世的不順遂只是承襲上輩子的行為罷了，所以遭遇不順時，先別輕信他人的話而怪罪祖先靈——尤其是不可考證之事，反而應該靜下心好好想一想，身為後代的我們，是否在身、口、意上保持自覺，為宗族消除累世惡業？如果做不到，**至少身、口、意要保持儉樸習性。**

與其怪罪祖先業的負面影響，何不自己為宗族後代修持行善呢？

人生許多事情皆應回歸內心的反省，若將問題投射在外——風水、因果、祖先業等，只是忽略本身應盡的義務。這也是儒家所言的「心性體認」，自我覺察才會激發自信與心的力量，繼而產生自我負責的態度與心念。更何況，**已經來的躲不了**，與其去怪罪一些無從考證之事，好好思考今世該如何修持行善還比較重要。我問事的經驗中很少遇到真正是祖先靈作祟的情形，倒是遇過不少祖先墳墓出現狀況，而干擾後代子孫事業的實例。

祖先墳風水會影響後代子孫嗎？

有位中年個案開設工廠多年，近年來事業諸多不順，每個月都在追錢平衡收支，已背負了一筆不小的債務。他找我問事時愁容滿面，可見壓力很大。我詢問神明過後得知，祖先墳的墓碑出現龜裂，似乎有不尋常之事發生。人生低潮期又遇到祖先墳問題，腹背受敵之下，難怪會出現事業嚴重不順的情況！在我提到祖先墳之事後，他表示墳上的墓碑確實有龜裂，但因修墳是家族大事，非他一人可以作主，而修墳所費不貲，也非他目前財力所能應付，故此事只能暫緩。

那麼，不修墳會讓他今生一蹶不振嗎？我告訴他：「雖然你的人生低潮期就快過了，預計再過不久就會撥雲見日，但看到祖先墳墓有問題，後代子孫便難以推諉責任。如果覺得修墳麻煩，應該與家族商議後將祖先撿骨安奉在靈骨塔內，一則讓事情有個圓滿，二則靈骨塔較無風水上的問題。做人不能有問題就推給祖先，在享受榮華富貴時卻把祖先丟一邊，這已經不只是祖先靈的問題，而是**基本的做人道理**。運勢高漲時，無形的力量干擾不到我們，反過來說，一個人運勢低落時，許多未處理的問題便開始浮上檯面。」事後也如神明所言，相隔不到一年，個案的事業確實有了轉機，也存了不少錢。

除了這個案例，也曾有一個女個案與丈夫帶著一位不滿半週歲的小女嬰來找我問事。原來，女嬰只要去婆家，夜晚總是每隔一小時就醒來哭鬧，但並不是大小便和肚子餓的緣故，把夫妻倆搞得精神不濟。我向神明詢問過後，祂們的第一句話是說：「小女嬰有仙佛緣。」我猜，這對夫妻在生小女嬰前應該有向神明祈求過，事後印證確實如此。進一步查下去後，祂們說：「是祖先半夜前來關心，小女嬰有仙佛守護，半夜被吵鬧而驚醒，祖先另有事要交代……」

這裡有兩個重點：第一，祖先半夜來關心，表示婆家應該有拜祖先；第二，以臺灣重男輕女的傳統觀念，祖先特別關心女嬰，表示此女嬰可能是獨孫女或長孫女。果然，她婆家確實有拜祖先，丈夫是其兄弟姊妹裡唯一結婚生子的，所以女兒既是獨孫女，也是長孫女。祂們還提醒表示，女嬰的腸胃不太好，也不容易照顧，因此祖先擔心新手父母無法看顧得好。我轉述祂們的話讓夫妻倆安心——至少確定不是鬼魅外靈的干擾。接著，我請他們在有空時向祖先上香，表示會好好照顧女嬰，請它們放心。我這話一講，這位太太才告訴我：「我之前在家中就一直感覺到祖先來託夢，也感覺到女兒睡不安穩可能是祖先來看顧，所以已經向祖先拜過了，但狀況還是沒有改善，我想祖先或許有其他話要說——關於祖先墳的問題……」

當事人是敏感體質，對於無形之事多少有靈知感，她一講祖先墳有問題，我才想到方才祂們有提到：「祖先另有事要交代……」經過更深入的調查後，祂們指出：「祖先表示住得不安穩，想要另遷他處。」這有幾種可能狀況，一種是墓碑、墓園有破損或墳地積水，再則就是該撿骨了——個案本身也是如此猜測。原來，家中有幾位長輩與同輩身體頻出狀況，其中一戶一連三人都得到癌症，有一位近期就要入院動手術了，而她老公其他兄弟姊妹均事業平平，其中有一位已過適婚年紀卻仍然未婚……原本，他們不想一味將問題全推給祖先墳，直到女嬰出生後出現反常情況，才驚覺此事的重要性。

若感知有祖先靈方面的問題，就應該要找時間了解情況，這是後代子孫應盡的孝心。

他們曾向家中長輩表達希望能夠處理此事，但有人認為不要將今世的錯推給祖先，事情因而一延再延。後來，經不起他們一再勸說，長輩才表示，待家中罹癌家人的手術完成後再勘墳。我告訴他們：「如果未有相關現象出現，就不能一味將今世的不順推給祖先，但如果**已有跡象警示**，就必須正視其嚴重性，並不是為了求它們保佑我們榮華富貴，而是**希望它們能住得平順。」當祖先已來託夢或感知到祖先墳出狀況，至少應該先了解和確認，畢竟後代子孫本就應該盡孝心。**不過，若沒有任何跡象，就不應該一味將人生的不順推給祖先靈。當下，我能為個案處理的，就是安撫小女嬰的精神狀況，我先為她做簡單的淨化與收驚，但畢竟是在沒有神壇的情況下，助力仍然有限。

接下來，就是要敲處理的時間。我告訴這對夫妻：「先擇一日到家中祖先牌位前上香，稟明處理的時間，並請它們放心，同時也告訴它們，小女嬰和瑤池金母有緣，不用再來看她，在成長過程中會有神明保佑。」至於何時才處理祖墳的問題，他們表示，祖墳是家族合葬，並不是墓室有出入口，光勘察就是大工程，可能需要一段時間，大約能在農曆七月前處理好。他們問我是否能請祂們代為溝通？過了一會兒，我轉告個案：「祂們轉述了它們的意見：此事有點急迫性，希望能在三個月內處理好。」夫妻倆算一算時間，三個月應該來得及，此時祂們又提醒說：「為了顯示對此事的尊重，向祖先上香稟告時須準備三牲四果，以表誠意。」（婆家茹素，故以素三牲敬奉之。）事後，我隨同地理師、撿骨師共同去勘察個案的祖墳，確實如瑤池金母所言，因地勢關係墳地底下有積水。

有些風水師會過分誇大祖先墳、祖先牌位的問題，讓人產生恐懼與不安；祖先墳的風水確實多少會影響後代，但一位正信的風水師不能以怪力亂神的語氣恐懼、威嚇人心，選擇專家時要特別小心。

事後個案兩次來信表示：

「真的非常感謝宇色老師您的協助，想請您幫忙轉告祂們，小女昨天跟我回去婆家後，晚上除了十一點、十二點被叫起來，然後凌晨兩點多因為肚子餓了起來喝一下奶……之後就『一覺到天亮』了，跟前四個月以來每小時就醒來哭一次差別很大……」

「因昨天小女又開始夜啼不好睡，半夢半醒間我夢到自己買完菸正要拿起來抽、先生夢到他很快地抽掉一根菸（但我與先生不抽菸，而且超級討厭菸味），一問之下才知他阿公是個老菸槍……我猜，八成知道我們敲好了時間，要我們帶菸過去吧？再次感謝您的協助……」

玄學世界有多大？老實說，以我們有限的年壽想了悟玄學世界，就算已經有多年的苦修與實證，也未必能通透一切。很多人都以為，只要通了靈、靠神明就能了悟世間與靈界的一切，但這只是「半桶水騙外行人」，如果靠神明就能知道一切，那佛陀不就是傻瓜嗎？他苦修三年，再發大願，「即使坐到血、肉、骨、皮、筋敗壞，也毫不動搖，不成正覺，誓不離座……」如此的大願與堅定信念，有幾位能做到？玄學的問題也是如此，我所言的一切只希望能提供讀者不同的思考方向，它**並不是定律、亦非不可更改的真理**，畢竟，既然聽多了一面倒的玄學觀點卻只換來恐懼與不安，何不聽聽不同的作法？

拜祖先是責任，不該是為了人生榮辱求保佑

拜祖先應建立在緬懷先人的精神之上，而不是「人生失敗榮辱的關鍵」上。

很多人拜祖先是想要祖先庇佑後代，把祖先牌位當成物品。許多人家中的格局，明明不適合擺放祖先牌位與供奉神明，還硬要在家中擠出一小塊空間，如此心態在初衷上便有了偏頗，全家搞得烏煙瘴氣不說，設牌位、請老師看方向、買祖像花了一大筆錢，依然諸事不順的大有人在。

一位個案曾對我說，他與老婆合開公司，數年過去業績仍未見起色，風水師直言是風水出了問題，便花了大錢改風水，但業績依舊直直落；再次請同一位風水師來看，這次對方表示公司內部未安奉祖先牌位，沒有得到祖先保佑，業績才會做不起來，所以又砸了一筆錢在辦公室門口安奉祖先牌位，沒想到業績還是一路下滑；他們又去問風水師，這次則說是夫妻倆的名字未接財氣所以賺不到錢，

結果又花了不少錢改名字……聽到這，我不禁想問：「為什麼統統是別人的問題，難道自己沒有錯嗎？」

我曾經被店家門口排隊的人龍所吸引，在臺南光顧一家不甚好喝的在地茶飲店，真心感覺到：「大排長龍的飲料，不代表適合每一個人的口味。」從姓名學角度看這家飲料店，會說是店名取得好，老板的名字很有財氣；風水師會說店面的格局、方向還有座向很優；鼓勵人們拜祖先靈的通靈老師會說老板的祖先有保佑；命理師會說老板的八字命格屬水，開飲料店一定賺；從靈學角度，則會說這是老板今生帶的天命……公說公有理、婆說婆有理，反正壞的統統是外在格局，好的全是天命註定，與自己的努力無關。

對於前人、老師、神職人員所言的一切應保持質疑與印證的基本態度，否則就是迷信。

前不久我收到一位讀者的來信：「最近的困擾是資深師姊，常以上師父一次課可少百年業障等說法，說服大家報名師父的課程；此外，有次因家庭問題請問資深師兄，他建議我在師父推薦的納骨塔買塔位，可消祖先業障及自己的冤親債主。師姊曾說過不要懷疑師父，要以清淨的心去印證，但面對上師父的課、買塔位消業障這類說法，我開始有了疑問……」

我回覆她：「釋迦牟尼佛曾表示，對於老師（修行）所言的一切應保持兩種基本態度：**一質疑、二印證**。對於前人、老師所言的一切若沒有任何質疑，便是迷信；未經個人印證之事，亦是迷信。連釋尊都相當歡迎弟子質疑與印證他所言的一切，何況是我們一般尚在修行之人。『上師父一次課可少百年業障』等說法經過個人印證嗎？上課真的就能消百年業障？兩千五百年前，跟隨釋尊的弟子還不是要苦修，釋尊還不是無法消弭弟子們的業障？至納骨塔買塔位可消祖先業障及自己的冤親債主？**納骨塔是安放往生者骨灰、以供後人緬懷其精神的所在**，與消業障有何關係？」

顧好自己不要連累後代，免得累世業還不完

靈修有著各式各樣的派門，因應每一門派主事者的行事風格、宗教信仰與文化而有所不同，我的靈修方式比較偏向以道家的清虛自守、卑弱自持與儒家的心性體認為出發點，朝向形而上的修心養性修行。形而下的種種祭改、呈天文、赦

因果等，在我的靈修過程中較少出現，除非是仙佛菩薩有明確的指示，或者本身在修行過程中體悟到其必要性。對於超渡祖先、冤親債主一事，我也抱持同樣的看法。

超渡無法改變自身業報，在世時修持行善才是根本之道。

我平時的修練會安排定課修行，大多是以打坐、靈動（訓體）與會靈為主。打坐是訓練本身的**靜心**與**觀照專注力**，我以南傳佛教的**內觀**為主要修持方式，方法很簡單——在時間內觀照呼吸，不起雜念訓練專注力，經過一定時間的專注之後，便能達到入定。入定後，接著便是靈動、訓體及會靈。有一次，結束定課修行、正要離開共修佛堂時，一個感覺閃過，拉住了我要回家的念頭，彷彿有一股力量提醒我止步。我感覺到有一個「人」站在後面，期盼我再待一會兒，我不信邪地來回走動，那股感覺更加強烈。我可以明確知道那不是仙佛菩薩的氣場，而是一種很熟悉的感覺，「它」與我應該有一種因緣。

向堂上瑤池金母查證後，才知道是我剛過世不久的一位親戚，希望我能為他做一場簡單的超渡法會。正在與瑤池金母對話該如何舉行法會時，緊接著又有幾個「人」在此時出現，我甚至還能聞到一股濃濃的酒味。再次向瑤池金母確認，原來是因為農曆七月即將到來，我與地藏王菩薩又有一段因緣❸，因此往生親戚能夠與我牽上線，而酒味則來自於幾位因嗜酒而往生的親戚，同樣也希望我能為他們辦法會。

事後，我便在仙佛菩薩的指示下，舉辦了一場靈修式法會。靈修式法會並不像佛道教的儀式那般繁複，先經神明指示選定日子，買齊鮮花素果與超渡用的金紙、法船與金元寶，在當天請堂上仙佛菩薩臨乩辦事，一一點化金紙並且將金紙製的法船化為無形大法船，經祂們同意後引導祖先們上法船，就算完成。不過，上了法船就能保證祖先們永住極樂世界嗎？超渡法會的功能只能暫時讓它們離開陰間，在天界有機會親近善知識的仙佛菩薩，趁此機會再多累積本身的福報，時間到了還是會回到原本所待之處——到頭來，**投生處還是隨本身業報而轉，在世親人辦的法會只是緩兵之計，而非根本。**

這是我首次也是唯一一次為祖先舉辦超渡法會，在當下我有很深刻的體會，這些來委託我超渡的親戚，在生前並無任何宗教修行，終日忙於生計，當然也有人將時間消磨在菸、酒、賭博上（沉溺於網路世界、聲色場所、夜店……也是荒廢人生），未能好好思考自己死後該往何處去，以及今世的所作所為是否有相當

❸在《我在人間與靈界對話》及《我在人間的靈界事件簿》中，皆有記載。

的智慧與福報，足以投生一個更好的世界。假設每一個人在世時願意好好為自己植福田、讀善書、說好話、儉樸心性，死後又何須麻煩後代子孫呢？**在世時照顧好他人、觀照好自己，死後自然能夠投生更好的世界。**

超渡法會超渡了誰？怎知來者就是你的冤親債主？

在超渡冤親債主上有什麼要注意之處？又該以何種心態來看待？靈修在這部分的做法，通常是在「**有真實的感受**」時，才會於仙佛菩薩指示下擇日進行，不會三不五時或是在特定節日，例如清明節、盂蘭盆節廣收信徒的錢來舉辦法會。近幾年來，辦法會似乎變成各個寺廟的重要活動，連母親節、浴佛節等節日都可以辦一場。我不能說這是撈大眾錢最快速的方法，但也要提出反思：「舉辦的人真能保證將冤親債主、祖先靈超渡到西方極樂世界嗎？」還是覺得形式做到了就好，有無效果就看參與者本身的因緣而定？

九天母娘曾對我說：「在法會中，宗教儀式必會產生招靈效果，你如何確定來的只有神和冤親債主，不會有其他與參加者不相干的鬼魂、冤魂？」這個問題一般人大概都無法回答，九天母娘又再度問道：「你如何確定所超渡的一定是與你有緣的冤親債主與祖先？一張紙、一個臨時牌位上寫著參加者的出生年月日和地址，就能保證引渡它們過來，在術法中雨露均霑嗎？」接著，九天母娘問我一個看似與此不相干、某部分卻又密不可分的問題：「石頭，會變成鑽石與黃金嗎？」我沒有鑽研化學，也不是礦石學家，所以回答不出來，但祂這樣一問，我心中立即了解該問題背後的意涵：「想要化解業力，需要一定時間的累積與因緣聚集。」**要了結千百世惡因造成的惡業，並非一時一刻、花點錢辦法會便能做到**，那麼，我們又該以何種態度看待這件事呢？既然化解業力需要時間的累積與因緣聚集，我們就更應該時時刻刻保持一顆**正念心**，不造新惡業，並以無畏的平靜心看待生命中的種種惡業——**擁有一顆平靜心，才能以更圓滿的態度處理今世現前的惡業**。

超渡法會真能化解與冤親債主的種種恩怨嗎？九天母娘道：「你曾在某一世被人狠狠從胸部殺了一刀，帶著怨恨往生，今世那個人並不清楚有『你』這個人和這段『過往因緣』，他念經請神明幫他化解一段不知對象、不清楚事件的因緣，你會原諒他嗎？」少有人會未經修行就輕易原諒一個殺害自己的凶手，但卻有很多人在不了解前世因的情況之下拚命花錢辦法會祈求人生平順。**連想要化解的對象與事件都不清楚，究竟是在對誰化解？**今世苦又如何能消呢？如此說來豈

拜拜之前你一定要懂的關鍵字

正念心

不隨意批判而落入新的因果、不過度迷信而失去思辨力、不傷害自己與他人進而誠心祝福每一個人。

不是無解？於是，九天母娘進一步教導我化解這種無明業力的方法：「種種善惡因都已在人們的生命當中化成種種善惡業，時時刻刻**懺悔**今世不如意、不稱心的事，止息看不順眼之人所起的惡念，就已經在消弭累世在今世現前的業了。」這事看似簡單實則不易，我們真能每日反省所言、所思之事嗎？孔子的弟子曾子曰：「吾日三省吾身。」說明了反省的重要性，我從未參加過大型的宗教超渡法會，反而被教導一個觀念：「在你走靈修的同時，『心念』就已經決定是在消惡業或造惡因了。」

這樣參加法會，才能激發超渡的力量

參加法會到底有沒有效，重點不在於儀式而是心念，莊嚴隆重的儀式都只是引發人們內心對於宗教的信仰力，真正能化解業力的，依然來自於我們參加法會當下的心念。下次參加法會、持咒念經時，請帶著一顆虔誠心，除了將功德迴向給自己、家人與累世冤親債主，也要反省和懺悔自己身、口、意所造的惡業與惡念，可別一心只想祈福，反而忘了**誠心懺悔才是消除累世種種惡業的力量**。

拜拜之前你一定要懂的關鍵字

懺悔

懺悔並不是以嚴厲的態度看待自己所造的業，而是真正明瞭過去所造成的錯誤並決心修正它，提醒自己不再重蹈覆轍，瑤池金母曾教導我——

如實地看待自己過去的錯，不過，知道就好，過分指責與放大錯誤，反而會失去改進的力量。

「為什麼參加法會之後，身體與精神消耗非常大，反而比參加之前更累？」這問題出在超渡的力量除了主事者的福德和修持功力之外，參與者也在付出相同的精神力，再加上過程中非相關的鬼魂、冤魂也會一併過來，享受與欲超渡對象相同的能量與福德，所以才容易讓人感到身心疲累。這樣講並不是要大家從此不參加法會以避免不必要的靈擾，而是要提醒一個觀念：「法會的形式固然重要，但參與者本身的意念與**作意**，更是決定是否能超渡到欲超渡對象的關鍵。」**在參加超渡冤親債主與祖先靈的法會時，報名者最好能臨場參與**，一方面是出自於恭敬心——請勿抱持花錢了事的心態；另一方面也是強化祭改者心中想要超渡對象的效能。

以超渡冤親債主來說，參加者大多是希望能透過法會消除身、口、意上傷害到他人而造成的惡業和累世的罪業，祈求今世運勢、事業、人際關係能因減少惡業拉扯而更加平安順遂。因此，參加法會除了必須親自到場，法會進行時還須一**心不亂地跟隨法師一同念誦，以虔誠心回憶今世所造的一切惡業，同時懺悔種種的惡習與不如意之事**。

孔子云：「吾不與祭，如不祭。」不親自參與的祭祀，有等於無，不如不

拜拜之前你一定要懂的關鍵字

作意

佛教用語，為五十一心所（五十一種心的作用）之一，「心所」是兩字複詞，「心」與「所」兩者合在一起稱謂，為每一個人過去、現在、未來的五十一種身心狀態。以巴利文直譯，其意義為「心的造作」，以現代說法來比喻的話，作意有如船的舵、駕駛馬車的車夫，控制它便能朝向目的地；亦可延伸為「專注之處」的意思。

祭——現代人在面對宗教儀式與法會祭典時，常認為網路和電話比較方便，匯錢報了名，連買水果都可以請主辦單位代為準備，這已經失去舉辦法會祭典的核心價值了。親自到場並透過心念才能與法會產生的力量相應，畢竟我們看不到也感受不到累世冤親債主的存在，但以一顆「真心懺悔」的心作意本身的冤親債主，才是消除惡業的根本。

親身參與，並誠心懺悔自己的惡業，才能與宗教法會的力量相應，真正超渡累世冤親債主。

至於如何確定來的除了神或祖先之外，不會有其他與參加者不相干的鬼魂、冤魂？**當你的作意對象在於觀照自身今世所造的惡業惡習上，宗教法會的力量便會往我們作意之處彰顯，不相干的鬼魂與冤魂就算在場也不足以影響我們。**即使前世所造的惡業已不可數，當下的誠心懺悔，仍可以消弭身上的惡業。由此看來，宗教種種有形的儀軌只是增加我們作意的力量，人們會因為深信外在的形式而加強「意念」——**宗教儀式的收攝力量強化了我們「作意對象與懺悔心」**。

拜拜小祕訣

超渡祖先靈法會的時機

何時才需要超渡祖先？就我個人的經驗與觀點，時機點是發自內心想為宗族祖先盡一份後代子孫的責任，希望它們在另一個世界能夠因後代子孫的孝心，得以前往更具福德的世界，或者投靠在有緣的仙佛菩薩門下；而非他人因各種目的告知，今世種種不順遂是祖先靈所造成，須花費鉅資超渡祖先，方有助於生活、財運、事業。**超渡祖先是以「緬懷祖先精神」為基礎，而不是「以物易物」交換今世的順遂。**

我常常聽到個案問我：「有人說我今世不順是因為祖先在陰間很苦，所以要超渡它們。」當我詢問他們是否能夠感同身受祖先的苦，並站在後代子孫的立場希望祖先更好的時候，回應大都只是「盡快處理好此事，我的人生才能更好」。遇到有這種心態的個案，我便會勸他們省下這筆錢多幫助孤兒院、弱勢團體、行善佈施……為自己多植福田、廣結善緣，對今世運勢或許還比較有幫助。

另一種適合超渡祖先的時機，是**「本身深刻感應到祖先前來，希望後代子孫**

能為他們植福田與辦法會」的時候。就如同我在文中的親身經歷，或是有些人曾在夢境中看見過世的祖先、家人前來，表明在另一世界過得並不如意，希望能得到在世親人的幫助，辦一場法會助他們轉生到更好的去處。暫且不論夢境真假與否，至少在親身感受之下，辦法會也比較能夠出自真誠的心，而不是抱持著懷疑和不確切的心態來看待。

假使本身的運勢不順確實是因為祖先有苦要訴或冤親債主所造成，也請**抱持著恭敬心與虔誠的態度，而不是以花錢了事、草草敷衍的心態來處理**。就算家運不順是祖先所造成，我相信在精神力與虔誠心的相應之下，運勢自然會因人的心意而得到正面改善。

肆．人不自助，神佛如何助你？

一個懂得靠自身力量從谷底爬起來的人，神明的助力才會在他的生命中彰顯。自助、助人與神助，彼此環環相扣，求神助必先自助，能自助而後助人者才不會因挫折而匱乏。

「宇色你很幸福，總是有神明指點你未來的路。」常從讀者、個案身上聽到這句話，殊不知**當我心中有所疑問而請神明給予指點時，祂們多半是「默言」以對**。不論是情感、工作或人際關係問題，祂們甚少直接告訴我答案，我也不會拿應該自己面對的生活瑣事去煩祂們——神明不是汽車導航或褓姆，不會時時在我們身旁耳提面命人生該往何處去；祂們的價值來自於指點人們自悟與提升智慧的道途。或許也因為如此，我才能保持心性的成熟與獨立，並從靈修中看見更多其他人體會不到的道理。

人生方向要先自己思考，勿依賴神明

一位年近三十的年輕人找不到人生方向，沒有自信的他對未來充滿不安與焦慮，我選擇讓他親自去看元辰宮[1]中代表財運、生活態度、人際關係的景物，透過自我調整來改變信念，增加對未來的自信心與堅毅心。

他一放鬆不久，便看見白衣大士觀世音菩薩出現在眼前：「是觀音菩薩！就在我的正前方，祂身上的白衣隨著風往左方飄。」我請他祈求菩薩引領他去找門牌刻著他名字的元辰宮，他說：「有！門牌是橢圓形，鍍銅材質，名字是陽刻由

[1] 元辰宮，靈界存在著代表陽間每一個人財運、事業、情感和健康的房舍，觀看元辰宮是中國古老的道教術法，藉由引導當事人進入元辰宮調整房舍的擺設，改善當事人在人世間種種的不順遂。

右至左書寫。」他形容眼前的景象，表示那是一棟三層樓有前庭的象牙白別墅。走進屋內，客廳簡約少有擺設，裡頭只有一張很大的長方形茶几，上頭鋪著十分明亮的玻璃桌面，四周相當乾淨——顯示他簡樸的生活態度，還有心性和喜好。

接著他走到代表情感世界的房間，裡頭有大尺寸的雙人床、棉被與枕頭，依然呈現簡約風。我請他向菩薩詢問感情世界，他告訴我：「我問了三次，菩薩始終笑而不答，祂給我的感覺似乎是說喜歡就好，不要太執著。我想，出離三界的菩薩不會想過問太多人世間的感情問題吧！」多年與仙佛菩薩對話的經驗中，我發現，**真正菩薩界或更高層次的神明並不會強迫人們一定要聽從祂們**，因為唯有真實體驗後的人生心得，才是心靈最大的養分，只有假借神明旨意的神職人員才會希望人們照他們的話去做。

生命需要我們親自去體驗，因此，神明並不會要求人們一定要聽祂們的話。

在分別代表財運、食祿的水缸與米缸，個案表示均有八分滿，顯示未來在這方面是無虞的，對生命的不安只是他自己多慮：「我終於可以鬆一口氣了，還真怕會庸庸碌碌一輩子卻沒飯吃呢！」我也藉此提醒他：「不安與焦慮是我們未能活在當下所造成的無明，認真活在當下，未來一切都是美好的。」而當我請他看看大灶裡面的柴火時，發現只剩下灰燼，菩薩告訴他說：「這家主人怕麻煩，懶得出門砍柴，更別說燒柴火煮水了。」火代表對生活、事業的熱忱，這段話點出了當事人的個性不夠積極。在心態調整之後，灶旁出現了一小堆的木柴，而柴火也逐漸燃燒起來。我在一旁提醒他，鍋裡的水代表自己的運勢，你今年的運勢將如同沸騰的水一樣滾熱。

在看完記載了年度重大事件與未來的生死簿，以及將來的人生後，我問他是否還有想詢問菩薩的事？他想問菩薩自己是否適合宗教性質的工作，菩薩微笑地告訴他：「宗教工作是你的天命，你也有興趣，不能說在這個領域能大富大貴，但至少不愁吃穿，還能幫助很多人，會很快樂。」菩薩的回答讓個案憶起大學時代轉讀宗教系的事，研究所也依然選擇就讀宗教所。

最後，我請他詢問菩薩是否有什麼鼓勵的話，他突然一陣哽咽，還忍不住落淚，激動到無法好好說話。菩薩告訴他：「把握當下，勇猛精進！」我請他趨前向菩薩說聲感恩，菩薩以纖細的手拍拍他的背，輕柔地說：「你很乖，凡事用心盡力就好，修行就是要學會隨順因緣，你做得很好了，只要不失道心即可。」

「把握當下、勇猛精進！」找到一條不傷害自己與他人的路途，神明的力量將與我們同在。

我事後告訴他，或許菩薩話中的另一個涵義是指：**只要一個人活在自己的道途中，信仰的力量必定與我們同在。**事後，他來信告訴我：「這一趟新鮮有趣的元辰宮之旅，讓我獲益良多，沒想到我真的能探訪自己的祕密花園，看到了美麗簡約的別墅、象徵人生旅途的各種事物……藉由宇色你的引導，我增強了內在自信，還看到活靈活現的觀世音菩薩，甚至與祂對話。或許這些都是我內在的想像與變現，倘若不是潛意識本來就深植這些東西，哪能在短短一個半小時內挖出這麼多想像不到的事❷？我只想說：『什麼？我真的到元辰宮玩了……』這是我永生難忘的一趟旅程！」

或許不是每一個人都有機會一睹自身元辰宮的奧妙，但在持香闔眼、祈求神明給予加持與庇佑的當下，請務必好好想一想：「我們有先看見自己的力量與價值嗎？」**神明再偉大，也無法改變每一個人身上的因果業力，**唯有靠自己的力量，才能看見更多的可能與未來，如此一來，就算不拜拜，神明的力量與神蹟依然會在我們的生命中顯現。

❷ 站在道教的立場，元辰宮是真實不虛的；站在心理學和催眠角度，它是存在於潛意識中。

看見自己的價值，才能看見神明的神蹟

盡心盡力做好生活本分的人，其豐沛的精神力可與神明的能量相應；渾渾噩噩過日子的人，心靈與意念薄弱，很難與仙佛菩薩的**願力**連結。人與神之間的關係到底是如何呢？瑤池金母簡單扼要地解除我心中的疑問：「我們因你們存在而存在。」**想要看見仙佛的力量，必須先看見自己的力量。**

在逆境中，應反思自己存在的價值與意義。這樣的思索加上對宗教的虔誠，仙佛的力量才能顯現在我們的內心。孔子云：「未能事人，焉能事鬼？」[3]不懂得待人接物、服務人群，又如何能夠做好事奉、尊敬鬼神之事？**我們應先盡到今世的本分，才夠資格來探索鬼神之事。**

曾經有位五十歲出頭的個案來問事，她在前幾年離開原來的工作單位，以五十萬元資本額當起老板，在網路販賣自行研發的美容產品。她曾經從事瑜伽教學、精油芳療相關工作，對於美容養生很有一套自己的想法，沒想到五十萬元在三年內很快就燒光了。她來找我問事是想了解：收掉這份事業後，接下來的人生該何去何從？她已經不知道下一步該如何走了。

[3] 出自《論語．先進第十一》子路問事鬼神。

拜拜之前你一定要懂的關鍵字

願力

佛教用語，指向內心發願的無形力量，大部分是指行善積德之意。一般人亦可在生活中發下願力，例如月收入十萬元、考上公職、讓家人過舒適的生活等。在佛教觀念中，認為每一個人身上都有兩項最有價值的法寶——願力與智慧。每一個人的內在都存在著一股非常強大的能量，當我們以堅毅且正向的心念發願時，仙佛菩薩與宇宙便會因我們的心願而升起力量，這也就是心想事成的力量泉源。

瑤池金母說：「她擁有一顆良善的心，她的言語可以勸化世人，她的經歷可以鼓勵人心。」我婉轉轉達瑤池金母的話：「發揮自己的長處，妳是一個很會說話的人，說話的背後要有同理心、助人心，將這些特點融入未來的工作之中，或許可以發現不同於以往的人生。」此時她才表明，她此生有個很大的心結無法突破——無法面對人群，所以才會選擇在網路販賣美容產品，但心底總有一個聲音，提醒她要勇敢地站在人群前，這才是屬於她真正的路。面對人群的恐懼和內心的聲音，就像天使與惡魔在持續拉扯，令她不安與痛苦。最後她問我，為什麼持咒、念經多年，神蹟卻不曾在生命中出現？我告訴她：「種植在溫室裡的花朵不受風雨侵襲，有何必要看見奇蹟？妳選擇在最安全的環境裡持咒、念經，生命中何需神蹟的彰顯呢？想要在生命中看見神蹟，就必須走出生活**舒適圈**，從挑戰中認清自我的更多可能性。」

認清自己，才能肯定自我價值、克服恐懼，產生前進的行動力——只有自己往前走，才會感受到仙佛的助力。

拜拜之前你一定要懂的關鍵字

舒適圈

隨年紀的增長而逐漸習慣某一種環境或某一種人際關係（夫妻、老板與部屬等），即為舒適圈。舉例來說，工作環境不好，卻因習慣舊有環境而不敢去找新的工作，一味地以景氣不好、年紀大了、學歷不高等外在條件來說服自己「繼續待下去」；也有人在情感上明知與另一半不合適，卻以各種理由說服自己相信「其實對方沒有那麼差」……這些都是安於舒適圈所致。在拜拜祈求未來順遂、事事順利的同時，也請務必低頭看一下雙腳所踏的舒適圈，沒有定見與勇氣跳脫現實環境所自設的舒適圈，就算神明真的想助你一臂之力，也無從幫起啊！

篤信大乘佛教的她，每日持誦準提佛母神咒❹，祈求準提佛母賜予她智慧與勇氣，走出內心的陰影站在人群面前，不再被恐懼所駕馭。然而多年過去，她始終感受不到準提佛母神咒的力量。我告訴她：「對於不熟悉的人事物所升起的恐懼，是每一個人的人生課題，無時無刻羈絆人心，咒、經與仙佛的力量就像一輛車，能載我們去想去之處，但是，真正駕車的人是我們自己啊！裹足不前、害怕失敗的人，宛如生長在溫室內的花朵，既然無需抵抗風雨與日曬，又何需仙佛的力量呢？」當我們看見自己的價值，內心生出勇氣，進而執行人生種種的決定後，仙佛無窮無盡的力量才會隨之出現。

曾經獲得諾貝爾和平獎、有「加爾各答的天使」美譽的德蕾莎修女，在一九四八年進入加爾各答，幫助了數以萬計感染霍亂、痲瘋病的病人和無家可歸的難民。她說過這麼一句話：「我沒有見過耶穌顯靈，可是每次看到窮人，就看到了耶穌基督。」德蕾莎修女並未因為沒見過神蹟顯靈而不相信耶穌基督，相反的，人們卻在她身上看到了耶穌基督對世人的愛與力量。

當我們拿著香祈求仙佛庇佑卻依然諸事不順時，別抱怨仙佛不靈驗、不值得相信，而是要捫心自問：「有很充實地過每一天嗎？有為自己訂下每年的新計畫嗎？有努力達成它們嗎？有認真克服自己的缺點嗎？」

❹出自《佛說七俱胝佛母心大准提陀羅尼經》（唐天竺三藏譯）咒曰：「南無。颯多喃。三藐三菩陀。俱胝喃。怛姪他。唵。折隸。主隸。準提。娑婆訶。」

唯以願力消業力，仙佛才能成助力

初期教導我靈修的前輩總這樣對我耳提面命：「走靈修❺就是在消除業力了。」因此，在靈修的十多年中，我甚少參加宗教消災解厄、消業祈福的大型法會，因為外在形式只是加成，**真正消業的力量還是來自內在**。

曾經有個案在高考之前找我問事，她要考的類別必須經過筆試、體能測驗及口試三關，當時離筆試尚有幾週的時間，我向九天母娘詢問的結果是：錄取的機率不高，筆試就算通過，日後的體能測驗與口試也未必能過。

她聽完之後，反而意志更加堅定地說：「很多人勸我放棄，但無論如何我都想要努力看看。」

我非常欣賞，於是鼓勵她：「不用管神明怎麼說，最重要的是——妳相信自己嗎？相信自己的人，不管結果如何，努力的過程就是一種難得的收穫。」

不久後，她再度來問事，告訴我筆試真如九天母娘所言「低空飛過」。我為她感到開心，鼓勵她繼續加油，想不到她竟然說想要放棄了。原來，筆試錄取後她開始進行體能測驗的練習，測驗要求的及格時間幾乎是她的極限，挫折感加上擔心錄取後無法勝任繁重的工作，於是她選擇了放棄。

❺廣義的靈修，是指跳脫身、心到靈性的修行，便可指為靈修；狹義的靈修，則是指臺灣民間信仰中以靈動、啟靈為主的靈修。

我感到錯愕不已，九天母娘告訴我：「真正難以突破的是自己的心性。」是啊！講穿了，**最大的業力就是自己的心性，一切都是一念之間**。佛陀講經說法多年，留下數不盡的經典，繞來繞去都在講心性，兩千六百年過去了，真正能依循佛陀教義而成佛的人又有幾位？有時不是仙佛菩薩不願意幫助我們，而是我們放棄了自己的初衷。

業力就像一股拉力在背後抓著我們，阻擋了前進的力量，拜拜求神不可能消弭業力，**只有發自內心的強大願力，再加上執行力，才有辦法消除業力的阻擋，求神拜佛也才有可能成為我們成事的助力。**

心性是人最大的業力，只有打從內心發出願力，才能突破心性、消弭業力。

願力，其實是信仰的根本。古時候，求子能拜註生娘娘、求財能拜財神，但想求姻緣，卻沒有神可拜；然而，經過幾千年來善男信女的誠心祝禱，這樣的願力終於創造出一位掌管世間男女的神明——月下老人。人心願力之強大，連原本不存在於靈界的神祇，也會因人們的虔誠祈求而出現。

其實，所謂的「拜神」就是在給自己力量和信心。如果我們能常抱持著尊敬的心祭拜神明，長年下來，無形中就會對身邊的人、事、物產生一種尊敬心；我們常向神明訴說人生的不平與無奈，等於是將心中的怨氣發洩出來；我們常向神明祈求風調雨順、國泰民安，就等於在自己身上注入一股力量與無限願景……試想，若將此願景反求諸己，告訴自己有能力突破一切難關、命運其實操之在己，人生是否也會因這樣的願力而變得更好？

神明只渡渡己之人

十多年前，我遇過一位深受外靈干擾的女網友，已到身心皆出現嚴重問題的地步，當她要外出工作時，會因外靈干擾而無法出門，輕則全身無力、重則昏倒，多年來無數厲害的乩童與通靈人幾乎都表示：「妳的事情我幫不上忙。」就算有人表示可以救她，最後也是不了了之。

我曾經想要幫忙，無奈的是，她依然一而再、再而三地爽約：「外靈干擾，我無法出門。」

我只得提醒她說：「無形力量不可能強過人的意志力，只要妳抱持有強大的信念，它們的力量絕對無法干擾妳，尤其是有人願意伸出援手、不求回報地幫助妳的時候……」

然而，再怎麼費盡唇舌鼓勵，她依舊避不見面，最後我已無能為力了。此時神明告訴我：「她的事你暫且不要管。」當時還年輕氣盛，只覺得做人要有一顆助人之心，遑論是仙佛菩薩，何以勸我別管？神明說：「幫也要幫真正願意渡己之人，她其實只是想把問題告訴別人，並沒有真正要尋求解決——這是天性，不順心時只會抱怨，卻打從心底不相信自己有能力解決。一個人假使不相信自己能渡過難關，其他人幫再多忙也沒有用，我們神明也只是站在人的後面，人想要前進時我們便向前推一把，要如何走出去還是得靠自己的力量啊！」

祂們的話點出了人世間許多迷思，在近年的問事案例當中，失戀的人最常說的話就是：「我再也遇不到這麼好的人了。」「我就是沒有資格擁有一段好戀情。」「我命中註定就是會遇到爛人。」找不到工作的人最常說的話則是：「現在景氣這麼不好，誰會用我？」「我有什麼條件和其他人競爭？」「條件比我好的人都找不到工作了，我怎麼可能會找到好工作？」……不相信能靠自己走過人生低潮的人，比比皆是。

事後我問她，才知神明所言不虛；這麼多年來，無數求助失敗的經驗，讓她覺得問題已經嚴重到無人可解。我將神明的話轉述給她，並告訴她：「多年走靈修的心得告訴我，就算有天大的問題發生在我們身上，只要不是我們心存惡念所造成的過錯，一定有解決的一天。只要妳願意相信自己，就算全世界都幫不了妳，至少妳還可以幫助自己。」

勇於挑戰、展現出自我價值，讓仙佛力量隨之而生

曾經有讀者以羨慕的口吻對我說：「瑤池金母給你很大的發揮空間，想做什麼就做什麼，很容易心想事成。」

我告訴對方：「**仙佛就算神通廣大也不可能違逆一個人的因果業力**，不是瑤池金母給我發揮空間，而是我創造了屬於自己的人生舞臺，祂們的角色是陪伴者，不是命運指導者。」

在人生路途上，找工作、選科系、換跑道、讀書升學，我甚少在塔羅牌占卜或仙佛的指示下做決定。我所抱持的信念是：**當下的選擇都有其最好的結果，勇敢承擔自己的選擇，遇到瓶頸時神明的力量自然就會出現。**

某天，有位個案來問事，表示婚後她的一切都被婆婆與丈夫掌控，不管想做

什麼事，丈夫與周遭朋友總是會告訴她：「妳很幸福了，不要再想東想西，認真把小孩顧好就好。」才三十歲出頭的她深陷在沒有目標的婚姻生活裡，感到萬般無奈與無助。

她哭著問我：「可以請瑤池金母指示，我未來人生的價值是什麼嗎？每一個人都有轉世職責，那我今世的職責又是什麼？」

瑤池金母反問她：「這妳應該自行領悟，我如何能告訴妳？」我解釋道：「正神不太可能告訴妳該如何去做，但當人們以堅毅的信念告訴神明想做某件事時，因緣成熟下，祂們的力量就會出現。」

她表示，夫家家境小康、不需要她出外賺錢養家，但是她很想學一些手工藝。當我鼓勵她去完成這個夢想時，她不解地問：「這也是一種人生意義嗎？」

我回答她：「意義沒有大與小之分，只有想不想完成的問題。這無關他人，完成它，對妳就有意義。假使過程中遇到瓶頸，只要在心中默念所信仰的仙佛尊號，就會看見祂們的力量了。不過，先決條件是，妳必須願意踏出第一步。」

我曾在一場演講中與聽眾會後聊天，一位四十多歲的女士在工作上遇到一個兩難的問題：「我應該做新工作好，還是繼續在原單位從事清潔掃地的工作比較好？」新工作條件不錯，只是得重新學習帳務技能，薪水雖然比原單位高一點，但因距離住家較遠，得住進公司提供的宿舍；離家近的掃地工作沒前途，而且她不喜歡家人吸菸，所以有點想搬出去住……

但是，當我建議她換新工作，她抱怨不想離家太遠；我建議她繼續留在原工作，她又說不喜歡家人吸菸。這類舉棋不定的情形不斷地在問事案例中發生，我相信，就算拿這個問題去問仙佛菩薩，祂們也會搖搖頭、雙手一攤：「你要我說什麼呢？」

跨出舒適圈，挑戰夢想，展現自悟與自我價值，會比只知道拜拜求神更有力量。

自我價值大多來自生活中的肯定，而肯定的前一步則是——做想做的事。一步一步地設定自我挑戰的夢想，完成它，自我價值也就能一步一步顯現。

只要是具挑戰性、須下定決心、超越自我的極限，可能是單車環島、潛水、自助旅行或立定目標連續一年每天寫日記等，這些突破原有生活舒適圈的想法，統統可以列入自我挑戰。

一次又一次持續地自我挑戰後，淬鍊而出的自我價值是一種寶貴的自悟。

《六祖壇經》云：「若自悟者，不假外求。若一向執謂需要他善知識望得解脫者，無有是處。」❻此段話點出：唯有靠自己的力量，悟性才能展現出來，悟不是知道，而是真正的體驗，如此才稱之為自悟。修行並不是侷限在寺廟內念經拜佛，人生處處皆是修行地。

❻這段文字的意思是說：自己能領悟，就無需別人告訴你。想靠別人告訴你的道理修行得道，是沒有意義的，自己思索出的道理，才是真正屬於自己的。

拜拜小祕訣

對所求之事保持信心，拜神自然就有力量

拜拜求神前先捫心自問：「對於所求之事，我有多大的信心？」一個人假使連自己都沒有信心了，神明又該如何提供幫助呢？這就像是將房子的地基蓋在容易土石流的山坡地上，即危險又不牢固，就算蓋成了，終有一天還是會倒下。

拜拜並不是求神憑空賜予夢想，而是以自己為出發點評估各種可行性，以及衡量自己是否有充分的把握，有了信心後才能祈求神明，在達成夢想的路途上給予我們支撐心靈的力量。

許多沉迷於宗教、靈修、拜拜的人眼中並沒有未來藍圖，他們的眼神空洞又茫然，信仰並無法引導他們看見人生的意義，這樣盲目跟隨神明，反而會失去自我價值。一個每天只懂得講鬼、神、業力、嬰靈、祖先靈、點靈認主的人，能想到的往往只有眼前的問題，毫無心思與精力去追求夢想與未來。

宗教或是神明的力量須與人們的執行力相輔相成，能力是出自於行動，有了

行動才有能力，少了行動，一切潛在能力無法被激發出來，宗教與仙佛的力量也就無法顯現。

行動——鍛鍊心的力量、克服惰性的生活方式。

能力——彰顯內在未曾擁有的超脫心性。

一個每天只想到要去廟裡燒香拜拜，祈求事業成功、榮華富貴的人，就算神明真的想幫他完成夢想也無能為力，因為他**花太多時間待在神明面前拜拜，卻不願站在自己的夢想前面**。

伍．有福給神助，無福給神誤？

平凡之人，受到命運的安排；極善具福報之人、極惡具禍報之人，均已不受原命與運的左右。再厲害的神明，祂們助人仍須建立在有福報之人的基礎上，而鬼魅想害人，對象也要是常走夜路之人。

我曾詢問菩薩：「祢們與人之間的關係是什麼？在聆聽眾生傾訴生活上種種不順遂的時候，祢們又如何看待人們的苦？」

菩薩的回答頗耐人尋味，祂是這樣說的：「當一個人跌倒時，我們是不會去扶他一把的。」

菩薩是慈悲的化身，為何會說出這樣一段話呢？菩薩語重心長地告訴我：「他願意站起來的那一刻，我們將以精神助他一臂之力；當人願意靠自己的力量站起來，我們的力量便在他們身上顯現。」

我深刻地了解菩薩的用意——**未先自助，外求天助也只是緣木求魚。**

神通抵不過業力，業力抵不過願力和執行力。

仙佛菩薩再神通廣大，也不可能扭轉因果為人們消業障，佛教教義教導我們：「神通抵不過業力。」因此，該來的就要承受它。業有善業與惡業，並分為身業、口業、意業三種：由身體行為產生的業，稱之為身業；由言語造成的業，稱之為口業；而意業則是念頭、意念等所造成的。執善的身、口、意是善業，反之，執惡則是惡業。「神通抵不過業力」指的是，當惡業現前時，仙佛菩薩不可能替我們抵擋或扭轉；而善業現前的時候，那是我們累世**福報**所積下的功德，祂們也不可能拿走。

那麼惡業現前該怎麼辦？**唯有發自內心的良善願力才能消除惡業**，自助也是一種「願力」，人願意靠自己的力量、毅力和勇氣突破難關，仙佛菩薩才能順他的願力而生——仙佛菩薩的精神是「慈悲與大智」。慈悲不是濫情付出，而是以智慧了解眾生苦從何而來、從何而去，看透人們苦難背後淬鍊出的人生真理。跌倒是人們成長的墊腳石，唯有經歷苦難才能將內在的智慧昇華，這層道理身為人都懂，何況是仙佛菩薩？

求神的人只有三成能如願，你是那三成嗎？

有一天，你在寺廟供桌前專心膜拜、向仙佛祈願時，祂們突然開口說：「為什麼你拜我，我就要幫你？」你會做何反應？又會如何回應？

「靈修」是一種靈性的修行，並不是像進香團一樣全省跑透透，四處上香拜拜，以表示虔誠心。我靈修十多年，已可轉換元神與仙佛以意識交流，但仍甚少向祂們討價還價祈求事情。

拜拜之前你一定要懂的關鍵字

福報

請留心自己日常生活中是否常常積福行善，諸如金錢佈施、以言語鼓勵或讚美他人、傳遞正信的觀念，或是在心念上常常祝福他人等。

有一次，我突發奇想詢問九天母娘：「當人們向祢們膜拜時，祢們以何種方式幫助人們？」我的問題很簡單，只是想了解神明幫助人的方法，想不到九天母娘竟反問說：「為什麼你們拜我❶，我就要幫你們？」這讓我想到：為什麼有人拜拜能得到神明的庇佑和一臂之力，而有些人卻沒辦法如此順利？

我相信這對於許多從小拜神拜到大的人而言，是未曾思考過的問題。坊間的書教導我們「有拜有保庇」，實情似乎不是如此；有些人拜拜非常勤快，只要聽說哪間廟宇神明靈驗，辛苦驅車前往在所不辭，人生卻也未必比較順遂。九天母娘又進一步問我：「人們膜拜我們，希望能夠得到我們的幫助，但在得到我們幫助前，是否也有以相同的心幫助其他人？」**求神拜拜得不到庇佑，並不是拜得不夠勤快，而是忘了應該身體力行幫助別人。**

神明助人是無償的，與其蓋廟、刻像、打金牌，不如把那些資源用來幫助更多人。

人們最大的迷思是：拜神求神後願望假使成真，就要回饋給神明，如捐錢蓋廟、立神像、打金牌送給神明……我相信，神明不會站在「利益交換」的立場幫

❶這裡的「我」泛指神明。

助人們，神明的付出是無償的，並且希望人們能為他人與自己、為人們生存的土地造福田；祂們不會要人們花費鉅資買供品膜拜，反而希望人們在得到仙佛菩薩保佑前，也懂得幫助世間的其他人。九天母娘說：「在眾多拜拜的信徒中，真正能夠獲得神明幫助的不到三成。得到神明保佑須具備三項條件，本身的福報、**因緣**，以及此人是否有**助人之心**。」

有一次問事，我費盡唇舌分析個案的狀況，但當我進一步向神明詢問個案問題時，祂們卻告訴我說：「沒有福報之人，日後遇到阻礙還是過不了，話點到就好，留空間給對方思考也是一種善巧方便。」坊間教導人們拜拜的書這麼多，許多人按圖索驥卻依舊得不到神助，並非神明不慈悲、不願意助人渡難關。至於為何有七成人得不到神助，我相信現在大家心中都已經有數了。

福報是比複利增加更神奇的累積

因緣未成熟，神明如何助人？

拜拜之前你一定要懂的關鍵字

因緣

神明助人有時會視因緣而定，因緣不單是神明與人之間的緣分，有時也指神明助人的時機。

助人之心

神明助人時，希望此人擁有慈悲心幫助更多的人；「慈心」是以同理心看見他人之苦，而「悲心」則是當我們看見他人之苦，就懂得以何種方式協助解決。

「因緣」有我們無法窺探的奧妙之處，但福報與助人之心卻掌握在自己手上。我常常說：「平日多積福，神明助人才有資本。」很多人都以為，神明原來就該本著慈悲心幫助人，怎麼會有所謂的條件呢？九天母娘這段話頗耐人尋味：「神明並非讓人們拿來問問題，我們的職責亦不是只幫人於一時，我們的存在是讓人們在低潮期，有值得信賴的力量繼續走下去，這才是我們在人們心中真正的意義。」

「福報」在巴利文的佛法教義中稱為「作用」，是色、受、想、行、識[2]之後的結果。**你對社會、朋友、家人釋放出的意念，最終會投射在自己身上。**每天檢視自己的身、口、意，審視日常生活中言談舉止投射出什麼樣的意念，便會發現，其實**你無時無刻都處在自己所造的業中。**植福田是幫自己的心種福田，等於在消業力與惡習，比花錢參加法會更有用。

曾有人問我該怎麼招貴人、去小人，我都這樣回答：「貴人不會自招來，小人無門亦自招，捫心自問植多少福田，貴人半夜也敲門。」植福田增加自己的福報，在信仰上可以加深自己與仙佛菩薩之間的因緣，絕對比花錢四處點靈認主有用多了。沒有福報的人，就算真的點靈認主，對靈修助益並不大；若能植福田，就算沒有點靈認主，主神也會默默幫助他。

[2] 五蘊，是一切事物積增聚合的原理，包含了因果與福報。

福報比複利還會滾，助人再助人，所助的人又助人，就是源源不斷的滿地福田。

行功德並不是一味捐錢助人，而必須發自內心的真誠；助人者要有相當的智慧，懂得助人同時又能讓被幫助者也有助人的機會。

學會助人的智慧，幫助他人之餘也給對方耕福田的機會，這就是替他人增加福報，如此一環接著一環，助人的力量才會擴大。國際知名的股神巴菲特曾說：「世界最神奇的東西是複利。」我倒認為善心與福報的增加比複利還神奇！它源源不絕，不會給愈多便少愈多。**有福報之人，自助人助也；種福田之人，自助天助也。這就是正念的力量，也就是求神助的基本態度。**

擁有大智慧，才能真助人

瑤池金母曾對我說：「這世間毋須你來拯救，『要拯救他人』的念頭，終究建立在我慢[3]之心，世人只要有一半顧好自己的心，產生的心念自然會影響另一半人，這世界就會變好。」這些話與「破窗理論」[4]有著異曲同工之妙，主要是

[3] 一說是自以為高而傲慢；另一說則是指思考和行為受「我見」所操控。

[4] 西方心理學中的破窗效應，指一無人居住的房舍的窗戶尚未被人破壞時，時間的累積不會造成外觀的損壞；一旦有人起頭打破窗戶、沒有人去修補，很快就會有更多的窗戶被人打破，並延伸到圍牆、客廳、房間……社會也是如此，顧好自己的心，自然會影響其他人。

在提醒我們：**不要常常將天命與助人畫上等號**，心未產生智慧與力量前，在助人的過程中很容易被世俗的負面力量所牽引，產生更大的挫折。

南傳佛教指導人們生活修行的一本書——史帝夫與羅絲梅瑞所著《慈悲的領悟》中，便分享了一段話：

「初學慈悲者，切忌立即開始對眾生平等行慈。因為對一個根基不足、尚未有能力悲憫、慈愛自己的人來說，一下子就要他躍升去對所愛的人、不認識的人乃至於仇敵行慈，是會導致許多挫折及負作用的。」

人們應學習以佛陀教導的四無量心——「慈、悲、喜、捨」為助人基礎。

- **慈——由衷祝福**：愛念他人，佈施益眾生。
- **悲——見苦收攝**：憐憫他人悲苦，拔除他人苦惱，並且永遠心存對他人的悲念。
- **喜——重新歸零**：回到原點，拋開包袱，用活力面對每一天。
- **捨——如實平等**：不生分別心，眾生平等，不起愛憎。

這是佛陀教導人們「自護而護他人」的道理，四無量心提點人們：以悲心看見他人之苦，同時體察自己是否也生同理心而能感受被助者相同的苦；以慈心給予他人樂，如此便是「拔苦得樂」，在這階段依然有「我執」的成分；進一步則是進入喜心的「一切歸零」，讓助人者的心放下一切——不論在助人過程中產生什麼感受，都應進入「喜心歸零」，如此方能進入到「捨心」。助人須有智慧，在**慈智雙修**之下，助人才能增長福田。

一位個案癌末被判定只剩五個月生命，由家人陪同前來問事，當我告訴他會活過五個月時，他的臉上終於露出了笑容與自信；到了十一月，他算是渡過了醫生口中的最後五個月，但之後尚有一段不算短的日子要走。

先前被判定時日無多時，他正被肺腺癌與肺積水所深深困擾，短短幾個月內又經歷腦、肝、小中風與癌細胞轉移等問題，所以十月醫生以不確定的口吻說明病情時，好不容易激起的自信再度崩解，希望能從我口中找回一絲信心。我只能告訴他：「我不是醫生，僅能就你目前的能量推測未來的可能性。雖然，我肯定你不可能只有五個月生命期，但也無法保證未來會再度如我所言。」我選擇只告訴他一半，要他戒菸、飲食清淡——我擔心癌細胞會轉移到口腔造成口腔癌。

拜拜之前你一定要懂的關鍵字

慈智雙修

一味想要助人卻忘了慈智雙修，將產生悲魔與乾智的制約，而無法潤澤內心與眾生。慈悲心與福報相同，最終受益的都是自己，南傳佛教阿姜放說過：「慈悲並非一件物品。它不像金錢，你愈施予，手上擁有的愈少；慈悲像是你手中一根點燃的蠟燭，這個人要求從你這點燃他的蠟燭，那個人要求點燃他的；你點燃的蠟燭愈多，對每個人來說就愈亮——包括你自己！」

或許我的保留再度讓他對人生燃起希望，他年紀尚輕，而且也放不下年幼的孩子與家庭……病人有知的權利，而助人者，有時則須在真相、鼓勵與善意謊言三者中拿捏得當。

真正的助人之心蘊含大智慧，不僅要無我、無私、無利，而且好或不好的回應都要坦然接受。

佛教的四無量心——慈悲喜捨，與道家的老子精神有著類似的觀點——**不主動、積極幫助任何人，但也不拒絕前來求助的人**。此外，在助人前，不能以自我主觀的想法強壓他人，**一切以尊重他人的生命價值為出發點**。

老子曰：「我有三寶，持而保之。一曰慈，二曰儉，三曰不敢為天下先。慈故能勇；儉故能廣；不敢為天下先，故能成器長。」慈是指慈愛，儉為純樸、節約與謙卑，而不敢為天下先，即指「聖人無常心，以百姓心為心」，一切以眾人之心為優先。

助人之心要帶有「慈」，要學習設身處地、以無私心無利益為出發點，包容一切付出後反饋而來的所有可能；助人須以謙卑的立場，不應主觀，不能自認為高人一等，而要身處對方之下協助他人成長；最後，絕不強壓對方的觀念與想法，要尊重他人的成長、獨立與生命價值。

「很多人說我帶天命，必須出來辦事！」這是多年來我最常從個案身上聽到的一句話，暫且不論是否真的如此，但至少有一個很重要的態度值得深思——**已經學會處理過去的陰影與控制好自己的情緒了嗎？**一個懂得自療過去陰影與使情緒保持中道的人，心中才會有力量。

一位個案和她的女性朋友一起來問事，起初問題很簡單：「我想問關於靈修的事情。」她對靈修不是很懂，也沒有真正接觸過，只因自己的敏感體質，一遇到健康出問題或帶有負面氣場的人，總是能有所感應，也常常在半夜入睡時感覺到鬼影或被鬼壓床等，多位通靈人都表示她具通靈體質，應該出來辦事。至於多年來在婚姻、感情、工作及家人關係的不順遂，這群說她應出來辦事的人也對此表示：「人生不順遂是因為帶辦事命，才會磨得妳這麼慘，妳要出來辦事，人生才會順利。」我沒有反駁、也沒有認同這些說法，但她的眼神已透露出輕生的念頭，於是我問她，假設先不管他人的建議，她自己真的無怨無悔地準備好出來為人民辦事了嗎？

「我都不相信自己有這種能力了，又如何幫助人？」

其實，這樣問她的用意是，**辦事須真正發自內心自助而助人、自護而護他人，沒有願力、只是在他人言語影響下的決定，是經不起助人後不順心所產生的打擊的。**我不忍拆穿真相，又不得不直說：「妳感覺到的大都是不明確的黑影，也的確有一點預知的能力，但這些還談不上所謂的通靈，只能稱作『敏感』，很多人都擁有特殊體質，但也不一定想要辦事。既然能力還不足，從未與高靈接觸，也沒有經過嚴格的宗教修練與心的鍛鍊……以後辦事是要通鬼靈，還是自己腦袋的幻想呢？」許多有一點敏感體質的人，經不起宮壇、道場或師兄姊的勸誘，而開始為人服務，但最後不是草草收場，就是把自己的家庭、身心靈搞到不可收拾——人因本身視野不夠高，才會容易自欺欺人或被人誤導。

經過約十分鐘的細談，了解她在家庭、職場、婚姻中所受到的種種創傷，我問她是否有過自殺念頭或吃過抗憂鬱症的藥，她統統沒有否認。她小時候曾遭受家人性侵，長大後歷經兩段婚姻，在床笫間受到丈夫對她精神與肉體上的暴力，卻得不到婆家支持與保護，這些經歷讓她年紀輕輕就不再相信婚姻。我進一步告訴她：「當人浸染在負面的氣場與生活環境中，自然就會吸引負面的人事物——包含鬼；反之，一個人若對人生充滿正面積極的態度，全身像一臺發電機，負面氣場便不容易靠近，就算遇到鬼也不太容易受到影響。所以，人要是動不動就談論鬼神，只要一碰到不順心的事就說是卡到陰、祖先靈的問題，久而久之，就算沒有的事也會真的發生。」

助人者須先有健全的身心，才有能力幫助別人

其實，她百般不願意也自知無能力為人辦事，卻被說她應該出來辦事的建議所深深困擾。**那些說她帶天命要辦事的人，其實是在傷害她，而不是幫助她——**一個內心有深度傷痛、悲憤而尚未自癒的人，並無多餘的力量去引導他人走出陰影甚至療癒他人。最後，她表示這一次問事讓她徹底放下心中的石頭，也因為不用將一切的錯歸咎於帶天命，而讓壓力減輕了許多。

不少道場、宮壇口中所謂「帶天命須辦事」的人，大多具備敏感體質，有打嗝、打哈欠、常作夢、常看到黑影等症狀，此外，他們的情緒容易低落，生活也多半坎坷不順遂，若已因此而心力交瘁，要如何為人辦事？助人工作所仰賴的不只技巧，尚需強健的心靈力量，所以助人者的內心必須非常強大。助人必須建立在真誠付出，**所以當一個人內心沒有力量卻去助人，反而很容易受到付出後不平等的反饋而再次怨天尤人，讓傷害變得更嚴重。**

明哲保身，培養內在智慧不受外境影響

我們在交流純淨正信的觀念時，可能會添加許多個人的主觀意識，一個正信不足、定力不夠的人，就算根基再深厚，仍有可能受到外力感染，更何況是一個已經心力交瘁與未經正信宗教教育的一般人。不僅如此，許多人打著濟世、做公益、行天道、弘法的名義，其最終目的還是為了個人的私欲與名利，因此，要如何在這個混亂的世代中立足、看清真相，得看自己的定力與善因緣，其基礎不僅在於下多少苦，更重要的是須懂得思辨與過濾。

面對鬼神之事更要如此，過濾的功力來自於智慧判斷及定力，判斷一個主事者、宮主或壇主背後的動機，思辨他人論點，不輕易被影響。說來簡單，要努力的實修卻相當大。想要在這個動不動便講嬰靈、祖先靈、帶天命的混亂世代裡覺醒悟性，最基本的原則便是**明哲保身**。明哲保身有兩個意思，一個是明察秋毫、洞見時勢，另一個則是看清楚現實環境與認清自身條件。

九天母娘曾經表示，勿以追隨宗教名師為依歸，進入一個宗教法門、組織或是信仰以前，務必對主事者的心態有全盤的了解，絕對不要因為表相而迷失了判斷準則。

古人說：「事在人為。」**真正的仙佛絕對不會過於干涉人們的決定**，有時是一種人與人之間的**共業牽引**，有時是大環境變遷下**考驗人心的因緣**，對於因果業力、修行法則等，仙佛也只能**靜觀其變**。

求神拜拜或宗教修行要懂得明哲保身，才能在混亂中明辨黑白、不過度沉淪，避免為自己和家人帶來不幸。

明哲保身並不是指「自掃門前雪，莫管他人瓦上霜」，而是指明達事理、洞見時勢，不參與會替自己帶來危險的事，是一種以靜制動的修行態度。淨土宗的淨空法師也曾提到：「真正的修行人懂得明哲保身，認真修自己的，不同流、不合汙。跟誰做朋友？跟聖賢做朋友。聖賢在哪裡？在古書裡頭，樂此不疲。」透過不斷地自我察覺，並且向古人聖賢學習處事的智慧，才能在混亂中分辨是非對錯，**不致亂上加亂**。這樣的修行需有相當的智慧，與前面所言佛教「自護而護他人」、道家「慈、儉」亦是相同的道理。

《莊子》裡談到「無用之用，是為大用」的故事，便是在提醒我們明哲保身的重要性：

「莊子與幾位徒弟同遊，走至山路拐彎處，看見一棵巨大無比、直入天際的櫟樹。它的樹蔭能遮蔽十幾畝地；樹幹粗直，向上好幾十尺才能看見樹枝，而枝枒之粗可拿來建造航行於水上的船。路過的民眾無不圍觀、嘖嘖稱奇，莊子向一旁的伐木者問道，為何此樹能長保多年卻無人砍伐？伐木者緩緩地回答他，此樹巨大而不堪用，做船會沉、做棺會腐、做門窗流出樹汁而不乾……因其無用不受木匠青睞，才能長得如此高大。莊子聽後對弟子說，此樹不受重用而能長養天年，難道不是無用中的有用、無為而為之嗎？……最後莊子告訴弟子：『人皆知有用之用，卻不知無用之用也。』」

想要在亂世中求生存，明哲保身是很重要的條件之一，看清楚環境並深思自己所擁有的條件，小心才能駛得萬年船。

拜拜小祕訣

不造惡、止惡念，也是一種行善的福報

臺灣有一句諺語：「有福予神助，無福予神誤。」自己累積福分，在人生中才能夠獲得有緣的神明相助；沒有福分，整日盲目四處拜神，最終只是被神誤。祈求拜拜能夠得到仙佛菩薩的庇佑，平時所累積的功德行善不可少，除了以金錢助人之外，另一種發自內心、止惡習終惡業的方法，便是**不造惡**、**與人和睦**。南傳佛教的阿姜查禪師曾說：「很多出家人都說要佈施才是造福，這是隱瞞實情、只說了一半，不造惡、止惡念也是一種行善的福報。」佛陀便是透過內觀正念，教導弟子觀照自己的身、口、意不起惡念，不起惡念自然就不再有新惡，這也是一種行善積福。

除了佈施助人，又該如何從自身做起來累積功德呢？在生活中學習處理內心的焦慮、煩惱與不安，就是功德。解決內心種種的苦，也就不再造他人之苦、不產生新的惡因緣，進而累積功德。

行善就像是一本無形的存摺，累積多少功德，日後就消除心中多少的貪欲與

執著。我每個月會固定捐款給需要幫助的行善團體，對象大多是以孤兒院與慈善捐款為主，金額大多固定，例如五仟元。每到月初，我就像一個會頭那樣，開始通知固定的幾位朋友一起行善捐款，有經濟壓力的人每月僅能捐三、五佰元，手頭較寬裕的朋友則是捐上仟元不等，湊不到五仟元的話，差額由我與另一位朋友一次補足。

有人曾詢問南傳禪師，對於新進和資深的修行者有何建言，禪師一律回答：「保持下去就好了。」行善助人亦是如此，**不必在乎捐多捐少或大德小惠，而是養成固定的習慣，時間久了就成為習性**。助人不應只在天災人禍之時或媒體炒作之下，才一窩蜂捐錢出力，雖然那也是助人義行，卻是一時激昂情緒下的結果，而非習性。

助人的習性久了，日後遇到再大的挫折與困難，就算沒有上香祈求仙佛保佑，相信祂們還是會向我們伸出援手的。

陸．拜拜其實只需三樣東西？

古時候宗教祭祀過程中以音樂、供品與舞蹈等為主要儀式，現代的拜拜亦不脫離三樣東西——香、供品和膜拜的對象。看穿了這層道理，就會發現各式各樣針對不同神尊準備專屬金紙、供品等儀式，只是一場又一場換湯不換藥的戲碼。

中元普渡後，很多人應該都有相同的經驗——拜拜過的食物，味道不見了。不管是餅乾、飲料、水果，特別是雞、鴨、豬、魚一類的牲禮，很容易發臭、腐壞。罐裝咖啡才開瓶，味道就發酸了；剛拿下供桌的鴨子一切開，肉質黏呼呼的，像放了很久一樣，根本不能吃。那麼，為什麼帶去廟裡拜神的牲禮供品，味道卻不會變質？很多人都聽過，七月半普渡時好兄弟會爭相搶食，卻少有人聽過到廟宇的神明會一窩蜂跳下神桌搶供品，這又是什麼原因呢？

神靈層級不同，所需的能量來源也不同

鬼要生存在世間，仰賴的能量除了香、熱（金紙所燒出的火焰）之外，最重要的就是**食物本身的氣**，最能提供氣的食物就是水果、蔬菜、牲禮。此類**天然、不經加工處理的食物**，對鬼而言都具有強烈的氣，足以提供生存的能量。這點和人十分類似，未經加工的天然食物是人體「後天氣」最好的來源[1]，而我們認知中的速食（罐頭、醃製品等）則無法給予鬼太多的生存能量。此外，食物烹煮後就不會再生成氣，因此供品的氣被好兄弟吸去後，就會開始腐敗。

神與鬼層級則不同，如前所述，在廟宇、宮壇內被人膜拜的神祇，大都是待

[1] 人體蘊藏著先天氣與後天氣，先天氣在胎兒離開母體後，會隨時間漸漸消失，須靠後天氣補其不足。後天氣的來源是食物，而先天氣僅能靠修練增加。道家重視的養生並不是以食物攝取，而是以練經絡、練丹（丹田）、採氣等方式來修練先天氣。

修練的靈，雖不能歸納為仙佛，但靈格上還是高於陰鬼，不必從人們供奉的食物吸取生存所需之氣。祂們此時的層次，傾向借助人們虔誠的信仰及香火，讓自己得以持續修練，續存人間。

這道理從人身上多少也可以了解。未經修練的世人，能量的來源是食物，所以需要吃東西補充能量；但對於有在修練的人來說，斷食、節欲反而可以讓他們的精神更加充沛，這是因為人體內地精、氣、神層級不同，所需的養分自然不同。無形世界亦是如此，有些層次比鬼魅高的靈體，會選擇久無人跡的深山叢林，與大自然相存，吸收仙山靈氣作為修練能量；廟宇或宮壇裡的神靈，因為仍未跳脫三界之外，與自然萬物同屬於太極界的靈體，人們的香火與膜拜是延續祂們留在人世間不可或缺的來源；而三界之外無極界的仙佛菩薩，如阿彌陀佛、無極老母、無極天父等，則無需人們的香火膜拜，依靠自身修行所產生的能量就能不斷精進，持續無數光陰。

雖說仙佛菩薩不依賴人間祭祀，但我們拜拜也不會就放張空桌子。靈修派每逢年節或神明壽誕，會依個人喜好準備供品，大多是鮮花素果或餅乾。我未曾詢問過堂上神明：「今年您老人家想吃什麼啊？」講穿了，這些食物最後還不是進我們的五臟廟，自然以自己想吃的為主。還好神明不曾講過想吃什麼，如果一開口就是熊掌、燕窩湯、白松露，那才傷腦筋！不過，有些特殊用途的術法儀式，我們會在拜拜前幾日先詢問堂上眾神明是否需要專屬的供品或物品，因為有些供品須取它特殊意義配合靈修術法方能得到效果。舉例來說，某年神尊特別指示要一盤紅土，祝壽時將每一個人的名字寫在黃紙上，接著將紅土捏成一團球，寫上名字的黃紙則包入紅土，這個儀式我甚少看過，僅知是祈福用，而那一年後就沒再使用過了，因為神尊沒有再指示——若是神尊沒有指明要求，就算以特別的供品拜神，也不一定能達到預期的效果。

我到各地仙山廟宇拜拜，從未為某尊神明準備過專屬供品，多年過去了，也沒有因為少放哪樣供品、香和特殊的金紙，那一年的生活就特別不順遂。可是民間對於拜拜，人人各有一套意見，拜愈多種東西愈虔誠、拜不同神還要有不同的供品……到底什麼才是必備的呢？九天母娘的回答出乎意料地簡單：「拜神，有三樣東西是基本——香、供品和明確的膜拜對象。」

穿越時空、連結意念的一柱清香

「第一項，香❷，」九天母娘是這麼說的，「香味是一種很神奇的東西，足

❷立香、臥香具有相同的功能，立香大多用在拜拜儀式上，在道教祭祀中經常使用到；而臥香為家庭中修行的神龕使用，在佛教祭祀中較常見。故有人表示立香是拜神明而臥香是拜佛祖，但實際用途並無差別。

以引導人們喜悅、莊重與肅靜的心。走進一個陌生的場所，初次聞到的氣息就足以讓人對環境產生好惡心。香能帶給人們情緒及內在的感受，也能讓原本紛亂的心瞬間平靜下來。」

點燃香後產生的氣味，會使人的內心對環境產生共鳴，還能讓人不敢亂講話喔！你看過有人手拿著香、嘴上卻還在罵人的嗎？老一輩的人都說：「拿香就不要亂說話。」由此可見，香的確有某種心理學層面的作用存在。

香所散發出的味道還能穿越時空，我想這是許多人想像不到的。有聽過往生的親人在頭七時回家見陽間親人最後一面的故事吧？親人在睡夢中會聞到往生親人在世時的體味、喜好的香水味等——**氣味可以穿越靈界與人間界**。我教塔羅牌與靈修的教室從來不點香，也不放置任何神像、畫、精油等宗教性的物品，卻有不少學員表示在上課時聞到一股清香，有時是檀香，有時甚至是人間很少聞到的氣味，某些靈修學員則表示，在聞到香味後隨即看見一股強大的能量體降臨。此外，也有個案在問事過程中表示聞到不同的香氣。這種現象大多是靈界的仙佛菩薩降臨，祂們身上各有不同的特殊香味，因此，當祂們來到人間，香味也會隨之到來。

正因為氣味可以穿越時空，所以燃香能夠傳達人的心念給神佛。**香的氣味具**

有安神的能量，九天母娘說：「人心不安定，如何在拜拜時以**意念**傳達心中的想法給神明？點香能夠收攝心，心平靜了，才能將心念告訴神明。」

學習靈修時，前輩不斷地叮嚀我：「靈修路上，對於鬼魅仙佛的到來，要保持平靜心，靜靜地觀察祂（它）們，影像會矇騙人心，但是說話神態和身上的香味騙不了人，這得靠細細觀察才能得知。」

祂接著又說：「拿起香時，一心不亂。透過香，全神貫注，想著要告訴神明的事情，人們的心聲會更容易穿越時空傳達給神明。」九天母娘這席話點明：**持香拜拜重點在於意念**，透過香與意念傳遞人們想跟神明說的話，可不要把手上的香當成手機，喃喃自語對神明說個不停。

香拿幾支不重要，心誠、專注才會靈。

我到廟宇拜拜，習慣一爐一清香，不一定要拿三支、五支，更不需要材質講究、包裝精美、某某大師祈福加持。這些人為包裝下的產物，對於「傳遞心聲給神明」的幫助並不大，拿起一柱香，帶著一顆樸實、虔誠的心，就足以與神明溝通了。

拜拜之前你一定要懂的關鍵字

意念

與仙佛菩薩的溝通過程中，人的意念非常重要。想像一下你是一方仙佛菩薩，站在遙不可及的雲端上俯視人間眾多的信徒，你較能注意到哪個人對你發出的訊息？應該會是意念強、主動與你連結的那一位吧！

注意，本文中的意念指的是念力，也就是專注力之意。

有形的供品，無形的肅敬心

一般人拜拜大多在年節，有些人每月初一、十五都拜拜，已經很了不起了。但靈修派拜拜還要加上代表神祇的壽誕，例如瑤池金母、無極老母（祂老人家一年就有四次生日[3]）、九天母娘、虛空地母、驪山老母、準提佛母等，為這麼多神尊聖誕準備祝壽供品並不如外界所想的繁瑣，一切以自己想吃的食物為主。九天母娘說：「人畢竟著重外相，祭祀儀式中如無有形物品，人心就會對神明產生動搖及不確定感。」說到底，**供品是拜給人看、拜心安的**。九天母娘的話指出了一個值得深思的重點：如果一場宗教儀式少了有形的物品，如鮮花素果、供桌香案，人們還會起恭敬心嗎？

辦法會若沒有供品、法船、金紙、祝壽宮燈、八仙彩、供杯、幢幡寶蓋、佛幡等科儀道具，你覺得神明會來嗎？一場法會花了幾百萬精心佈置，就算看不到神明降臨，至少也會讓人覺得有那麼一回事——拜拜用的供品、儀式，最終還是給人看的！假如拜拜的物品都不是人們印象中適合擺放在供桌的東西，而是衛生紙、電風扇、iPhone5、漫畫書，你會對神明產生堅定的虔誠心嗎？很難吧！一定會大笑說：「誰會拜這種東西啊？」那麼，你確定自己平常拜拜的供品是神明真

[3] 每年的農曆三月十五日、六月十五日、九月十五日，以及十一月十五日，皆為無極老母聖誕之日。

正想要的嗎？還是別人說什麼就準備什麼呢？老一輩的阿公阿媽拜拜，不太會拜泡麵、罐頭，現代人卻習以為常。年輕一輩拜拜很隨性，還有人拿麥當勞放上供桌，會很奇怪嗎？

供品代表人們的心意，不用多但不可少，不需華麗但肅敬為要。

其實，**供品只是人們向仙佛、祖先呈上的一份敬意，祂（它）們對內容與份量並不是那麼在意。**至於拜拜時用的壽金、法船、金元寶等❹因應不同用途的物品，絕對沒有準備多少才能夠獲得神明青睞的道理，**這些都是後人想像出來幫助我們「進入狀況」的儀式**罷了——供品和金紙想準備多少，隨喜就好。拜拜多年，至今我還不曾遇過神明開口表示想吃什麼、想喝什麼。

聽過不少晚輩為了拜拜應該準備何種食品、多少份量而與長輩爭執，九天母娘說：「供品的慎重幫助人們快速進入『儀式』，令人們起肅敬心。」準備多少份量、何種食品都是出自於長輩對仙佛菩薩的心意，我們有自己的想法，長輩也有他們的看法，**只要不會浪費、鋪張，可以多順著長輩。**帶著尊敬心看待祭祀用的供品與儀式，我們的心當下就與神明的精神同在。

❹這是單指一般人平時拜拜的情況，並不通論其他如靈修派、宮壇道教、道場因應特殊辦事儀式而需要的法船、往生蓮花、祝壽蓮花等。

拜拜不一定要燒金紙，心安理得就好

拜拜免不了燒金紙，燒香與燒金紙似乎已到了夫唱婦隨的地步；金紙的種類非常多，有刈金、壽金、天金、尺金、四方金、大福金、二五金，大銀、小銀、庫錢，還有以壽金、往生金折成的各式蓮花、法船、金元寶等。曾有一位個案告訴我，為了解決他與兒子緊繃的親子關係，經老師指點要做儀式，花了近十萬買了一大卡車的金紙來燒，堆了整整一片牆壁高，足足燒了好幾個鐘頭才燒完，結果叛逆期的兒子與家人的關係依舊，絲毫沒有得到改善……

拜拜的意義不單只是向仙佛菩薩訴苦或向祂們祈求心想事成而已，應著重於學習祂們的精神，透過膜拜與祂們的精神合一。若我們的凡心與仙佛之心能夠相應，燒金紙在此時的用途便不會太大。我認為，只有在特殊的場合及用途上，如神明祝壽、七月半大普渡，以及在處理問題時祂們有所交辦等情況之下，才需要燒金紙。更何況，現在講求環保，很多廟宇和靈骨塔都已採用金紙集體燒化的方式，早就失去了人在燒金紙時與神明心靈交流的意義——試想，那一堆如山的金紙中，神明真的知道你的是哪一包嗎？

所以，對於拜拜燒金紙，我只求隨緣、心安理得，燒與不燒，順其自然。事實上，這麼多年過去了，祂們也沒有託夢要我把之前沒燒給祂們的金紙連本帶利還回去……

在腦海裡塑金身，在心念中繪神像

很多人在廟宇拜拜，連神尊的尊號都不知道，拿起香一股腦地就念一大串：「神明啊！我是某某某……」一大把香一殿拜過一殿，還搞不清楚堂上坐著哪尊神明就匆匆離開。假設有一天你可以和神明以意念溝通，或許會聽到祂們說：「仁兄啊！你哪位？我還來不及認識你，你就急著要走啦？」

拜拜需具備的第三項東西就是「對象」，這點非常重要，九天母娘說：「有了祭祀膜拜的神尊，才能傳遞心念。」

有了膜拜的對象，人們的心才會收攝，拜關聖帝君時心中就要有關聖帝君的形象、拜媽祖時心中就要有媽祖的樣子……一個人的心念與神明相通，神明靈識就會跨越空間傳遞而來。

神明是一團強大、高頻率的能量體，我們起心動念，祂們就會與我們有所相應，無需本尊降臨。換言之，**心中無神明、心中無所想，人與神明間的連繫感應**

就會斷掉。因此，拜拜時若心中被個人的所求所欲或繁瑣雜事塞滿，而容不下一丁點兒神明的形象，也難怪拜拜不靈驗、得不到庇佑了。

拜拜要靈驗，心中要「有」神明。

《禮記‧祭義》提到：「致齊於內，散齊於外，齊之日，思其居處，思其笑語，思其志意，思其所樂，思其所嗜。齊三日，乃見其所為齊者。」這段話的意思是，祭祀者在祭祀前，內心須恭敬與禮敬；專心思念祭祀的對象，包括生前的起居飲食、樣貌聲音和志趣嗜好等，**音容神貌重現在祭祀者腦海中，才算達到恭敬的祭祀精神。**

九天母娘所言拜神的三項基本用品——香、供品和明確的膜拜對象，其意義緊扣在人的身上，能夠收攝人們在拜拜時的專注力、虔誠心與對儀式的尊敬心。只是有心人將拜拜的儀式過度包裝，刻意宗教化、個人化，反而變得鋪張浪費，讓人垢病並產生反彈。**拜拜其實是一種修心的儀式，愈能夠從「心」出發，拜神的力量就愈強大。**

拜拜小祕訣

牢記神明的法器、穿著，而不是長相

拜拜時我們得在腦海裡想著神明的形象，但神明長什麼模樣呢？何況即使是同一位神明，在不同廟宇，塑像也常不相同。神明曾對我說：**「人們大多未親眼看過神明，僅能靠前人畫像或揣摩故事經典想像，故神像的樣貌會因應時代不同而改變，唯一不變的，就是神明的法器。」**以觀世音菩薩來說，祂手上的柳枝代表生機、活力，古印度認為柳枝能消病解厄，延伸至佛法又有興盛之意；瑤池金母手持龍頭拐杖，龍在古時候是帝王的象徵，龍頭拐杖除了帝王專用、象徵地位非凡之外，亦有教訓皇親後代的意義——由智慧長者持來訓斥子孫。

神明的法器與象徵物很少發生張冠李戴的情形。三太子永遠是騎風火輪，不會騎豬；瑤池金母永遠是坐在椅子上，不會改坐蓮花寶座……難道祂老人家不會在無聊時向二郎神借哮天犬去蹓嗎？就算會，但除非所有人都認同祂有牽狗的姿態，不然我們就不會看到。**神明的法器象徵祂們的精神，凸顯該神明值得我們學習的地方**，我們應深入了解神明法器所要傳遞的精神，而非執著於表相。

柒・拜哪尊神怎會是別人說了算？

一個心念端正、做好本分的人，自然會與有緣神產生連結並獲得祂們的保佑。換言之，一個人若只知四處求神拜佛，心念卻不平靜，便難以與仙佛連結。發自內心去思考、明辨，把對神明的信仰力、虔誠心化成對生命的熱忱，才是求神拜佛的真正意義。

接主神❶的說法來自於靈修派，瑤池金母於民國三十多年在花蓮降世渡化紅塵俗子，至今已逾七十年，至於靈修的目的，則是要人們回歸內心探索自己。這條透過不斷修練而達到自修、自證、自悟的體證之路，有些類似南傳佛教中的「智者自知」❷。

「任何僅憑他人言語的真理，不過是他人所印證的真理——只能根據別人的說法而說水果是酸的，並未經本人證實，所以只能說似真似假。反之，若確實品嚐了水果，印證它真是酸的，才算真實：除了別人的證詞外，更有自己的親自體驗，這才是百分之百的真實不虛，也叫作智者自知——內心所生的內在印證。這種修練方式就是『向內（心）引導』，將注意力導向內觀，直到慧觀和領悟都是『自知作證』的。」❸

拜拜、修行一定要「認主歸宗」嗎？

想要透徹了解啟靈人身上的異象，如靈動、天文、靈語、信息來源和無形寶等，都必須靠自己一點一滴修練。

透過自修可以領悟過去世的一切：自己的元神由哪一尊神所點化、曾向哪些

❶又稱為主靈、靈主等，主神指的是在累世的輪迴轉世時，與自己有關係、有因緣且助人修成正果的無形界神明。

❷出自於南傳佛教的知名禪師——阿姜曼。

❸出自於《傾聽弦外之音》一書，阿姜查著，法耘出版社。

仙佛師尊修習心法、因何種緣故來到人世繼續磨心修練……然而，除了前世的種種，我們更須明白今世的責任。靈修派原本「自證自悟」的精神，後來卻因人們急於速成而變了調，成為追求神通與生活順遂的工具，點靈認主、接主神、擲筊找主神保佑等儀式紛紛出籠，一場又一場神明與人「認祖歸宗」的戲碼不斷上演……當注重儀式表相更甚於心，人也就離自己的心更加遙遠了。

就算他人告知你的主神是誰、無形師是誰，如果你無法印證，那其存在與真假對修行也起不了作用。況且，**點化你的主神難道非得由你接靈，祂才會知道你嗎？**你也太低估仙佛菩薩存在世間無數劫的神通力了。

佛陀在《愣伽經》中說：「如愚見指月，觀指不觀月。」❹佛陀教導的修行方式只是「道途」——如何體證涅槃的方法，然而，後人卻喜歡在文字、言語上論證道途，以為知道道途就是實修，其實只不過是空經一場。

「佛陀時代有位知名的比丘，名叫突丘婆提拉。突丘婆提拉學問廣博，精通經文；他是如此有名，致使各地的人都很尊敬他。有十八家寺院在他的管轄之下；人們只要聽到『突丘婆提拉』這個名字，無不敬畏；也不曾有人敢對他的教法有任何質疑，他們對他嫻熟的教導非常尊崇——突丘婆提拉是佛陀最博學弟子中的一位。

❹這兩句經的意思是，用手指月亮的本意，是希望人們順著手指看見月亮，愚人卻誤認指頭就是月亮，只知執著名相，卻不見名相所指的真實。

有一天，他前去向佛陀作禮，在禮敬之際，佛陀對他說：『啊，嗨！空經法師。』……就只是那樣而已，他們交談了一會兒，直到他準備告辭時，佛陀說：『噢！空經法師，現在要走啦？』

當他來的時候：『啊，嗨！空經法師。』當他要離去的時候：『噢！空經法師，現在要走啦？』除此之外，佛陀並沒有多說什麼，然而，這就是佛陀給他的教導。

突丘婆提拉感到很困惑：『佛陀為何這樣說？他是什麼意思呢？』他想了又想，查遍所學的一切，最後終於覺悟：沒錯，『空經法師』──一位學而無修的出家人！當他反省自己的內心時，發覺自己與在家人確無不同之處。凡是他們所渴望的，他也渴望；凡是他們喜歡的，他也喜歡。他的內心裡根本沒有真實的『沙門』5，沒有真實深奧的素養能使他在『聖道』上堅定地建立起來，並且供給真正的平靜。」6

靈修亦是如此，精進於實修，將心不斷收攝其中，我們身上的一切祕密便會在自證中一層層明朗化。

想跳過實證過程，從別人的口中得知自己從何而來、為何而來，以及今世該如何做，就似玩電動不練功卻想破關，是不可能的事情。

5 一心一意於宗教修行的人。

6 摘錄自《為何我們生於此》，南傳佛教阿姜查法師著。

迎接主神，人生就會一帆風順？

想與自己的主神互相感應並獲得其引導，須累積相當程度的實修，絕非單純拜拜就能辦到。

多年以來，我與我的主神之間的心靈互動，一直是微乎其微，遇到修行功課的瓶頸、問事者的疑惑，祂也從來沒有現身過，反倒是其他神尊如瑤池金母、九天母娘、地藏王菩薩、藥師琉璃光如來、無極老母等成了我請益的對象——許多靈修人信仰最深和最有感應的神尊，往往都不是他們的主神，而是曾在靈界結下善因緣的神明。累世因緣結合心性實修，加上堅定的信仰力，就是人與神明的今世緣分。

正因為如此，我從未想過要點靈認主，總覺得這樣就好像半路認爹——別人說前面的陌生人是我爹，就要我對他喊爹，這實在太不符合我的個性了。這種儀式最多只能求個心安，就像平安符帶給人們的安全感一樣，對靈修的實際幫助並不大。

近幾年來，點靈認主已不是靈山派專屬的概念，隨便哪個通靈人或老師，不管有沒有辦事能力，只要與點靈認主扯上一點關係，就會有「有緣人」自己送上門。反正這種東西任憑人說，沒得驗證，誰先引起有緣人的好奇心，誰就先賺到有緣人的錢。

不管有沒有接主神，人生還是要靠自己努力。

我有很多同修，他們的靈修程度相當不錯，也都了解自己的主神和轉世原因，然而，他們的生活和一般人並無二致，每天都得為了小孩的學費、房租、生活費忙得暈頭轉向。即便知道主神是誰，他們也沒有因而變成王永慶、郭台銘第二——有太多人都**錯把主神想像成一張額度無限的信用卡**，能保證自己一生錦衣玉食、人壽年豐。

曾經有一名個案表示，她找過某一位老師，對方說她的主神是關聖帝君。我告訴她，關聖帝君是玉皇殿中位階極高的仙佛，只要是靈脈出自玉皇殿的元神，自然會與祂有緣。然而，就像住在臺灣的每個人，並不一定都和總統互相認識，但總統畢竟是總統，臺灣人的生活多多少少都與他有關；臺灣人民與元首有關，他就會讓每個臺灣人衣食無憂嗎？如果不是，為什麼與你有緣的主神就保證會幫助你呢？

與其將希望寄託在未知的無形界，埋頭苦幹、腳踏實地生活還來得實在些。就算可以藉靈修了解大多數人的主神、前世因緣和今世責任，但面對生活，依然應該要兢兢業業地過每一天，認真規劃自己的人生與未來。

主神又如何？無運無福，亦無可庇蔭

別人靠拜拜發大財，我怎麼拜就是發不了財？別人靠發財金賺大錢，我年年求金卻沒賺到錢？

這個問題在於——**人生大運還沒有到**。

有一年，朋友請我幫忙看看辦公室的風水，我當時說：「辦公室格局換過後，你們今年會比去年多賺幾百萬營業額。」後來，該公司年度結算正符合我所說的數字。我告訴她：「我不厲害，也不精通風水，辦公室格局是神明教我看空間氣場的強弱而調整的，祂們會依據你們的福報判斷能夠做到什麼程度，我只是照實轉述。」正如神明所說，有福報、運勢到，格局調整一下，要賺錢並不難，因為那是自己本就應該賺得的財富；沒有福報，運勢未到，拜再多神、問再多事也是白費心力。

後來，她的工廠要新增機器，廠房格局須大幅度變動，於是又來找我幫忙，我依照氣場與空氣流動等因素，請朋友移動一些機台。何處應該放置靜態器具、何處動線須淨空，才能讓氣場變好，提高人員的穩定度，不會常常離職；哪邊是死沉的位置，不能放高產能的機器；哪邊放的機器可以讓新人操作而不易出錯等等……在看風水的時候，神明要我轉告她老公一句話：「你能再賺五年，這五年好好拼，過了就是另一個轉機。」❼

二〇一二年時朋友告訴我，工廠訂單如我所言大量減少，原本插單趕件的上游廠商突然都抽單了，業績一落千丈。我轉述神明的建議，請朋友的老公去拜一尊與他有緣的神明：「這尊神與你非常有因緣，或許可以求祂看看。」

事後朋友的老公告訴我：「真的很神！我原本半信半疑，但照你所說的拜完後不久，就開始有大量訂單進來，接都接不完。我拜到廟方都認識我了，因為每次接到訂單我就會捐很多香油錢。有一次更神，某張訂單上游工廠要求的模型，我早就忘記該怎麼做了，那天晚上在睡夢中，竟然有人告訴我怎麼設計，一模一樣喔！結果真的是要這樣做，很神吧！」

自助者自有神助，光拜神卻不努力，只是白費心力。

❼ 每個人的人生都有一定的週期，有高峰，就有低潮，低潮時要安分守己，一動不如一靜，選擇進修、讀書、多植福田。等到人生往高點邁進，就別猶豫不決，而是要更加積極努力打拼。

朋友說，這件事之後她更相信我了。我告訴她：「是神明允許我說，我才能告訴妳老公，祂們不告訴我，我也不知道，所以不是我厲害，是妳老公有福報，祂們只是依據他的福分指點。那位神尊是妳老公的主神，他的靈脈就是從祂那兒出來的。」話雖如此，這麼多日子以來，教導他理財、經營之道與當老板應有態度的並不是主神，而是他這一路上遇到的大企業家，我告訴他：「有努力之人自有神助，不努力之人求神拜佛，神明也難上門。」

我能夠改變的事情有限，**幫人要視一個人的福報、因果與努力程度而定**，有時這類事情只有神明才摸得透、看得明，太過妄為，最後還是苦了自己。

從事鬼神、無形之事最好要安分守己，**不要誇大其詞**比較重要，這也是我不幫朋友以外的人看風水的原因——沒有辦法百分之百保證。我亦不會羨慕朋友改善風水之後賺大錢，誠如神明所言：「沒有福分怎麼看也是一樣，有福分、運勢到了，點一下就可以，不賺都難。」我的福分與運勢，我心裡清楚得很。

坊間都說接主神運勢會順遂，我根本不相信！真是如此，臺灣早就成為全世界第一強國了不是嗎？朋友與她老公真的賺大錢，主因並不在風水或拜主神，我對他們說：「你拜主神賺錢是事實，但不是每個人拜主神都能賺錢。不要忘了，最重要的是你們自己平時的努力與積福。」

有不有緣無所謂，虔不虔誠才是重點

關於拜拜，大家最喜歡問的問題是：「我與哪一尊仙佛菩薩有緣？」似乎膜拜有緣的神明才能在生活不順遂時得到助力。

面對這個問題時，我都會這樣回答對方：「想得到神明的助力，先從**虔誠心**開始。」對所有神明抱持尊重的心態，進而學習尊重身邊的每一個人，是靈修的基本。

曾有讀者說：「老師說我不用拜土地公，因為祂的靈格比我的元神低。」一個人的元神再高，沒有實修，一切也是假的，往生後還是依今世善念、福報、修為隨業力轉世。土地公受到眾多民眾供奉，再怎樣也比凡人強，我們仍應該要尊敬祂。

有了虔誠心與正念，有緣的仙佛就會因我們的心念而來。

真正的虔誠心，來自個人的體悟；我在靈修過程中遇到最大的瓶頸，在於對神明產生信仰力。我不向祂們求婚姻桃花、人和因緣、事業騰達，讀書、工作、生活瑣事遇到種種問題，樣樣都是自己打點處理。對我來說，要告訴自己「冥冥中皆有神助」實在很困難，因此修行到了後期，與仙佛的溝通層次反而漸漸停滯

拜拜之前你一定要懂的關鍵字

虔誠心

此指發自內心的誠意與恭敬心，許多人求神拜佛的心態是「祢準，我才拜祢」，而非真正出自於對神明精神的景仰與恭敬。想得到神明的保佑，要先學習將心定住，並誠懇面對所信仰的神明，如此才有可能獲得神明的力量。

不前，這時我才意會到：靈修路上真正的老師是仙佛菩薩，心中若未對祂們存有感恩之心，又如何期盼得到教導呢？

於是，我開始在心情低落、遇到挫折時，祈禱從祂們身上的精神得到支持自己走下去的力量。當時我不知道自己的主神、有緣神是誰，也不曉得過去世中曾教導我心法的無形師是誰。靈修本就是靠自己印證、摸索及體悟，重要的是我是否願意靠自己去理解一切，而不是依賴他人的告知。於是，在眾多仙佛菩薩中我選擇了瑤池金母。

當時，我其實沒有感受過瑤池金母的能量，只因為在末法時期，瑤池金母傳下「靈修法門」濟世，大部分靈修人都拜瑤池金母，我才選擇祂作為修行路上培養虔誠心的對象。

之後，每當我在人生路途上遇到開心、難過之事，大如生死、小至雞毛蒜皮，一概以感恩心向著瑤池金母——

遇到人際糾葛，我心中默請祂給我力量與智慧化解；遇到車禍，我感恩祂保佑我平安無事；靈修路上遇到瓶頸，我祈求祂指點一條寬廣的路；看到新聞報導裡因天災人禍而受苦受難的民眾，我懇請祂幫助他們渡過難關；遭逢艱難困境，我感恩祂讓我學習這樣的人生課題；即使萬般努力依舊難關重重，我仍感謝祂一路相伴，至少祂讓我有健康的身體與堅毅的信念……**我不曾埋怨過瑤池金母**：好事，我感恩祂的護持庇佑；壞事，那是累世業力造成的結果，我只感恩祂讓我有面對的勇氣。

心態不成熟，未有堅毅的信仰力與虔誠心，就算名師點明有緣仙佛菩薩，依然無法與祂們有所連結。

不論瑤池金母是否有聽到我的聲音，我相信，祂的力量會因為我的信仰力而彰顯。

這樣的信仰力就如同西方天主教的禱告，禱告後由心所產生的靈性力量，與其說是神所賦予，不如說是**藉由內在的虔誠心串連起宇宙間的能量**。

很神奇的是，自從我身、口、意與瑤池金母同在後，累世的過往記憶，開始在修行中如蓮花般一朵朵綻放，包括轉世的因緣、最初的元神，以及與自己有緣的幾位無形師……人探究神明奧妙世界的鑰匙就是「虔誠心」，不論是對哪一尊仙佛菩薩，只要能由衷生虔誠心，日後人生即有無法預料的力量。

無須四處問別人你的主神、有緣仙佛是誰，是真是假皆非重點，四處去問到的結果，別人口中跟你有緣的仙佛，依然永遠只存在別人口中。還有人喜好比較有緣仙佛的高低，其實神明位階再高，我們還是一介平凡人，祂們並不是我們的護身符、褓姆，生活所需的柴米油鹽醬醋茶，還是得靠自己努力才能擁有。

因此，**信仰仙佛其實並不必在意有沒有累世因緣，今世的虔誠心與信仰力才是重點**。

我常常在許多個案問事時，觀察到與他們有緣仙佛的氣息，這樣的關係就如同有一條無形的線牽引在其中，只要後天心性夠成熟、心念端正，再經過不斷實修，那條線便會愈來愈明顯，就算當事者不知道，祂們也會出現（不一定要宗教修，生活修很好的人，那條線也很明顯）。

知不知道主神、有緣仙佛並不重要，重要的是，我們選擇用什麼心態來看待實修——欲學習、體悟仙佛的精神，要懂得思考、明辨，**把精神修化為生活修，**反而比什麼都重要。

神、仙、佛遍行於宇宙和大自然當中，祂們存在的價值雖因應各種宗教和文化而不同，但祂們給予的智慧，來自於我們是否真正地認識、了解自己和保持一顆正念的虔誠心。**一味對祂們歌功頌德，反而會忽略自己存在的意義**。

靈修路上的認主、點靈，或是拜拜要拜有緣神，都只是引導我們發起虔誠心的儀式，只是進入宗教的一塊入門磚，不能保證未來一定順利平安。因此，千萬記得——**有能力將心安住的人，自有仙佛菩薩保佑；有能力將生活安頓好的人，求神拜佛的力量才會更強大。**

拜拜小祕訣

不問累世因緣，但問今世信仰

神明如此多，不問累世因緣，那該從何拜起才靈驗呢？

不急，請先試想：

1.遭逢危難的時候，你口中第一個念的是哪尊仙佛菩薩的聖號？阿彌陀佛、瑤池金母、觀世音菩薩，還是三太子……？

2.思考這尊仙佛菩薩的精神是什麼。建議可以從該神明的故事與經典中找到一些線索。

3.假使平時沒有持念聖號的習慣，不妨思考以下問題：「目前我想要在哪方面精進？」是智慧、勇氣、助人之心、圓滿之心、大願行善心，還是忠義心？反思內心想要精進的精神，再依此精神攀緣想要學習的仙佛菩薩。心中有了對象，加上虔誠的信仰力，祂們就會成為今世有緣的仙佛；也可以再透過今世的堅定信仰，牽引出更多的有緣仙佛。

那麼，平常沒有拜拜習慣的人，如果有事要求神，祂們也會幫忙嗎？平常不拜拜，卻有持咒念經習慣，也是虔誠心的一部分；平日行善積德，就算不拜拜，有朝一日需要神明相助時，自然也會因本身福報而獲助。

捌．神明是無所不能的嗎？

神明怎麼可能會有不知道的事？請想一想：住在臺灣，你知道臺灣發生的所有事情嗎？住在地球上，你就知道地球每個角落發生的事情嗎？更何況，地球再大終有走完的一天，靈界之大根本超乎你我以及居處於靈界的仙佛菩薩之外……

多年前我陪朋友到中部某間宮壇，據說該宮壇主神濟公禪師非常靈驗，許多外縣市的人不辭辛勞到此問事，尋求解答。然而，我卻觀察到乩身有抽菸、吃檳榔的習慣，一般來說，乩身若染上不良嗜好，附身靈體的靈格就不會太高——該宮壇的氛圍也絲毫沒有高靈降臨的殊勝感。雖然這位濟公禪師的靈格能力不高，卻可以非常詳細地回答信徒問題，我這才發現，宮壇內其實聚集了許多神明一同辦事，濟公禪師僅是眾神明的代表。信徒向濟公禪師詢問完後，宮壇內的神明們便會分工合作去了解問題的來龍去脈，有了答案再回報。

許多有乩身辦事的宮壇都是類似的情況——由一位神明當代表，遇到不懂的問題時向其他仙佛菩薩請教，再回來告知附在乩身上的神明。最明顯的就是乩身的反應，大部分的乩身聽完信徒問題後會長時間搖頭晃腦做深思狀，可能就是在聆聽其他神明的信息，或靈識跑出去調查資料。

仙佛菩薩各有專長，連宮壇都是「神明團隊」合作辦事，有問必答的命理師與通靈人，是真的無所不知嗎？

我自己也遇過這種狀況。有一次向神明問事，祂回答：「此事待我再了解清楚。」當時我的反應與大家相同——驚訝。**神明不是無所不知、無所不能，怎麼會有不知道的事情？**但祂一句：「你住在臺灣，就知道臺灣發生的所有事情嗎？」立刻堵得我啞口無言，緊接著祂又問：「你居住在地球上，但你了解地球另一邊發生的事情嗎？」我再次說不出話來。

我們往往會認為神明應該有問必答，實情卻不是如此，祂告訴我：「神明也是各司其職的。」舉例來說，探詢一個人的健康、壽命之事，向三太子詢問可得到解答，但如果向無極界專司元辰宮的斗姆星君請益，答案與三太子雖大同小異，其深淺度與說法卻會有所不同；但我們不可因此偏頗地認為三太子的能力不好而不願問祂。有一句話是這麼說的：「大佛坐高好講話，小佛坐低好擲筊。」祂們不都回答了問題嗎？每尊仙佛菩薩都有適合人們祈求之處，**勿因個人喜好而看輕任何神明**。

既然仙佛菩薩都需要團隊合作，那一般的通靈人、有陰陽眼的人和命理師有可能無所不知嗎？我常看到一些宮廟神職人員或命理師，不論問題深淺都有問必答，絲毫不用思考，真有這麼厲害嗎？還是抱持觀望的態度，多多了解事情背後的運作法則，才能保護自己、看見真相！

佛陀曾說過：「每一個人都是未來佛。」這句話已肯定了我們在人世間的價值；所謂價值，意即我們與神明是一樣的，沒有公平與不公平、高與低、強與弱的分級，只有當下的我們才能創造未來的我們。

我曾經問過神明，在人世間，祂們扮演何種角色，祂們只回答一句話：「輔助的角色。」神明不會主動過問人世間的種種，當人們有事請益時，祂們會站在輔助的觀點來回答，卻不會去干涉一個人在人世間的種種行為。**仙佛菩薩大部分只是觀察者——甚少參與決策的觀察者**，唯有仍在修行中的靈，才會試圖說服人們去相信它們才是萬能的，進而不斷以各種帶有主導性的口吻告訴我們，我們是有罪的、是無知的，它們才是高等唯一的（這其實是非常不平等的說法），以突顯它們的重要性。

與鬼靈和睦相處，對眾神心懷尊敬

靈山派並非只拜大廟大仙，路邊的小神小靈也是敬拜的對象，我學習心法的仙佛菩薩有時也會是隱居在無形仙山中的神明，像是南投鳳凰谷內的鳳凰母娘（此時已經有新蓋一間鳳凰母娘廟）——我認為，**對每個神明都應心懷尊敬。**

一次接到朋友的電話，對方口吻頗為緊張，她告訴我工廠鬧鬼了。原來，有天晚上她獨自在辦公室處理事務，當時員工皆在廠外加班，但她卻不時感覺到玻璃窗外有人直盯著自己看，數次抬頭，卻一個人也沒有。隔天，兩位員工走進辦公室，臉色不安地對她說：「老板娘，我們遇到鬼了。」

前天晚上大伙兒都在加班，資深員工與隔壁同事正在講話，竟看到前方同事的右側手臂處，有一隻白色的手朝他的方向伸出，他嚇得往後跳了一步，再定神一看，白手已經不見了。當時他心想，可能是自己加班太累、眼花，就沒有告訴別人。隔天晚上，另一名負責廠房角落機台的員工，眼角餘光看見一人從身旁走過，他以為是其他員工，當下並不以為意，過了一會兒，見一直沒人走回，探頭一看，發現根本沒有任何人影，這下子才驚覺：「遇鬼了！」此時，朋友的丈夫也說他前不久在晚上加班時，看到有人從機台前面的窗戶走過，但這面窗戶的外面是一片空曠田地，而且離地面至少有一個人高！巧的是，他們家么兒連續幾晚哭鬧不已，隔天卻完全忘記前一晚為什麼哭鬧；不僅如此，么兒還常睡到一半驚醒，直喊床上爬滿螞蟻在咬他，家人帶去收驚數次都不見效果，直到員工反應鬧鬼，夫妻倆才意識到孩子哭鬧或許與工廠有直接的關係。

之前曾到朋友工廠看風水，裡面確實有久居的地基主與外來的好兄弟，當時已將好兄弟請走並做了妥善處理，至於地基主，我則是和朋友說：「人家住得比我們久，大家和睦相處就好。」工廠確實在景氣不好的那幾年賺了不少錢，除了好運勢與後天的努力，是否有得到地基主的幫忙就不得而知了。

從電話中聽到事件的來龍去脈後，我直覺這一切可能是因為它們有話想說，並不像一般的鬧鬼。我原本想向堂上五母詢問，後來想想，鬧鬼是小事，殺雞焉用牛刀，只要詢問當地土地公就可以了，便向朋友要了她丈夫的出生年月日和工廠地址。

詢問土地公之後，才知道是——吵到鬼了！原來公司這陣子工作量大增，她丈夫連週末也在工廠一個人趕工，它們說：「沒有賺到錢就算了，有賺到錢又這麼吵，也沒有表示一下。」既然知道原委，一切就好解決了，我請朋友準備牲禮祭拜地基主，朋友的丈夫聽到後說：「那就一次拜『澎湃』一點。」拜拜過後，工廠恢復平靜，么兒也夜夜好夢。

朋友事後問我：「不能將它們請走嗎？」我回答她：「大家相安無事也不錯啊！現在這麼不景氣，妳家工廠卻還是賺了不少，維持現況不好嗎？它們在這裡住得比妳久喔！」

鬼魅之事，照常理應該請更高層次的仙佛菩薩作主，但此事件僅由鄰里間最不起眼的土地公轉告事件原由，也能圓滿落幕。仙佛菩薩幫助我們，正是祂們的慈悲，無須比較哪一位仙佛的力量較高，對四方神明抱持尊敬之心，不貢高[1]我慢輕視任何一方，才是拜拜應有的態度。

擲筊問事，你得到的是真正的答案嗎？

神明曾告訴我：「再厲害的神，遇到不解之事也是需要時間查明。」當我們到廟裡拿著香向仙佛菩薩祈求事情、念完自己的基本資料後，**不要急著問答案**，畢竟祂們接收完基本資料，也需要一段時間找出相關訊息——仙佛菩薩並沒有光纖網路可以馬上調出整件事的來龍去脈。我為個案問事時，也常需要等待一段時間，讓祂們調查，因為有些事神明必須一層一層向上請示，有些事又得詢問其他專職負責的神明。

我建議大家拿香拜拜時，**要平靜專心地默念個人資料，愈緩慢愈詳細愈好**，這樣神明會比較清楚，也比較好辦事。

向神明問事，要給神明充分的資訊和足夠的調查時間，求解答前至少擲個筊問問是不是已有答案了吧！

[1] 意思是：自高而欲人屈服。

大家或多或少都曾擲筊向神明詢問過事情，擲筊到底是機率問題，還是神明指示？神明說：「既是機率，也是神明的意思。」當神明接收到問題，還在思考或查資料時，人就急急忙忙擲筊，就算獲得連續三次聖筊，也只是機率。為避免這種情況，不論是抽籤，還是希望得到神明的應允與解答，最好先問神明：「請問信男（信女）方才所提的問題，可以問了嗎？」這種程序問題只要得到一個聖筊，就可以繼續詢問；反之，出現笑筊表示還在調查中，暗筊則表示祂們不同意、不方便或不清楚該如何回答。

得不到神明的幫助，有時是因為祂們不知道你在說什麼或想表達什麼。「無所不知才叫神明啊！我站在神明面前，祂就會知道我是誰了。」這是很多人的錯誤認知，祈求神明處理事情要按部就班，給的個人資料和問事內容要避免含糊不清，說得愈詳細，祂們愈能夠協助我們心想事成。

我為個案向仙佛菩薩請益時，一定會先了解清楚基本資料和問題內容。曾經遇過不少個案說過：「我又不是問你，是問神明，你不用知道太多，祂是神明，一定知道我要問什麼！」拜託！神明又不是開徵信社或美國ＦＢＩ，每天祕密調查每個人的一言一行。還有個案這樣說：「我想知道自己的未來。」當我問他想了解未來何事時，他竟然回答：「我不想講，等你告訴我。」這是在考我機智問答了？很多時候神明會告訴我：「說再多他也不會相信。」「你所說的內容已超過他能理解的程度。」「連想問的事情都不清楚，說再多也是徒增困擾。」「時機尚未成熟，過陣子再來問吧！」

下次問事時，**請不要再對神明或神職人員機智大考驗了**，畢竟祂（他）們真的不是你肚子裡面的蛔蟲啊！

那麼，只要清楚信徒想問的問題，神明就一定有答案嗎？其實，我自己也常吃閉門羹——**祂們回答問題，會依我們的心性、事情的時機等為考量**。曾有個案詢問家人健康，瑤池金母留下一句話：「就看個人造化吧！」有個案想知道另一半是否對婚姻忠實，瑤池金母僅回答：「把自己的心管好。」有時候我會深入詢問一些個案沒想到的問題，瑤池金母常告訴我：「那不是你該過問的事情。」我剛接觸靈修時，曾向神明詢問關於靈界或轉世前的事，祂們當時並未正面回答，然而，隨著我的心性漸漸成熟穩定，在靈修方面的學習亦小有累積，當初所詢問的問題，早已在這段時間裡一點一滴得到答案了。

人的心性和做事的時機都會影響神明的回應——問題得不到解答，關鍵往往就在自己。

「我求神時有得到三個聖筊，為什麼神明答應的事卻沒有做到？」不少人依照坊間所教的方式問神得到了聖筊，事後情況卻不如預期。這種時候不要急著指責神明不靈驗，先冷靜想一想，在所問的事情上：

- 自己是否有過錯？
- 真的夠努力了嗎？是否還有未盡人事之處？
- 有看到另一層不同的面向嗎？

仔細地將事情前前後後想一想，先不要怪罪神明。**遇到困難，不論是問神、拜神還是尋求其他的外力，解決問題的人最終還是自己。**問事如果只在乎靈不靈驗，而無平靜的心和明辨事物的智慧，就像是開門的鑰匙明明在自己手上，卻不斷在外尋找一樣，永遠也打不開門啊！

靜坐會吸引邪靈鬼魅入侵嗎？

《論語．八佾》有一句話是這麼說的：「祭如在，祭神如神在。」不論是祭鬼還是祭神，**祭祀當下都必須「如在」**。祭祖時，想像祖先的形象鮮活地出現在我們心中；祭神時，想像神明彷彿真的站在我們面前。抱持著這樣的虔誠心，便能感到祖先和神明與我們同在，這才是祭祀的精神：一心一意地觀想，意念便能與鬼神連結。

靈修派的修練過程中，最重要的功課就是「專注意念」。意念的鍛鍊須從靜坐開始，培養難以動搖的「定心」。許多人不了解靜坐，聽多了坊間宮壇與網路上介紹的靜坐方法，往往都有一種迷思：

「邪靈鬼魅是否會在人們靜坐時趁虛而入？」

靜坐並非放空，而是專注於觀照身體當下的動作，如鼻息、腹式呼吸等，佛教稱之為「內觀」。內觀的主要目的並非要與神明連結，而是藉由觀察身體鍛鍊紮實穩固的覺知力與專注力，以了解佛陀所教導的四聖諦——苦、集、滅、道的過程❷。

「打坐非放空，石頭也成佛；打坐非久坐，母雞也開悟。」光是從靜坐中入「定」，完全根除六根塵❸的作用——經由眼、耳、鼻、舌、身、意（六根）而感受到色、聲、香、味、觸、法（六塵）——就不是一般人能輕易達到的境界。既然入定沒有那麼容易，靜坐如何受到邪靈鬼魅的入侵？修行的路上確實會遇到

---

❷ 苦諦：生、老、死、愁、悲、苦、憂、惱、怨憎會、愛別離、求不得。
集諦：前世業與後世業循環相續，也就是苦的來源，而身、口、意、貪、嗔、癡都是造成苦的原因。
滅諦：涅槃，唯有涅槃境界才是離苦歸宿。
道諦：修道以通向涅槃的真理。

❸ 六根塵：眼所見者為色塵，耳所聽者為聲塵，鼻所嗅者為香塵，舌所嘗者為味塵，身所覺者為觸塵，意所分別者為法塵。

許多挫折與考驗，**考驗不是外靈魔考，而是內心魔考。**我們連自己的心魔都過不了，外魔又如何看得上我們？在靜坐中逐次收攝心，達到意念專注，才能與仙佛菩薩連結溝通；心煩意亂的人如同看3D電影不戴上3D眼鏡，根本無法看清楚影像。心念定力與意念專注力是靈修派中非常重要的心法！

打坐不是放空，而是藉由觀察身體來鍛鍊覺知力與專注力，達到入定的境界，其最終目的是靜心。

通靈人、乩身或是靈乩在辦事時，通常會潛神默思、全神貫注地以意念與仙佛對話；不像精神異常是對著空氣說個不停。特別是靈乩❹，元神是與神明聯繫最主要的途徑，專注意念下的元神所得到的訊息較為清楚。

曾有一位讀者來信寫道：

「親愛的宇色，日安：

想請問您，如果在靜坐時，意象中出現一女子，面部因燒傷而焦黑，您會請求仙佛菩薩為她澆熄燒傷其面容的火嗎？會祈求仙佛菩薩接引，讓她擁有全新完好面容、離苦得樂嗎？我愚癡，想知道您會怎麼看這樣的事情。

❹以靈修為主要修行，之後成為辦事者，皆統稱為靈乩。

我還記得當時的情景：一闔上眼，鼻息間就嗅聞到淺淺的燒焦味，胸口悶悶的，調息不是那麼順暢。過了一些時間，就看到那女子了。她很安靜，沒有什麼表情；可能知道我會怕，所以跟我保持了一段距離。她用長髮蓋住臉的一半，只留了半邊燒得焦黑紫藍的部分，頭部微垂地看著我。我沒有開口（我不知道可不可以問），她也沒有說話，只是當時心生憐憫，就默念般若波羅蜜多咒，不知念到第幾遍，那女子的臉，從焦黑的下巴開始，往上慢慢恢復成正常的肌膚……後來我看到她的背影——身著白紗，衣衫飄逸，漸漸往上升空，最後，那女子化為小仙童，依偎在觀世音菩薩旁……接著影像就不見了。

敬祝，喜樂平安

○○○」

「一切有為法，如夢幻泡影，如露亦如電，應作如是觀。」不論在靜坐中看到、感受到什麼，**它就只是幻相**。打坐最終的目的是靜心，所以應當平靜看待過程中升起的一切心念運作。

心念產生的「相」不單是我們所知的事物，也有可能反應出今日、昨日的種種，或是大腦意識中不知道的事情。不論是哪一種，我們都應該專注於呼吸，**如實地觀察「相」的生起與破滅。**

關於讀者的疑惑，我建議她自問：「這焦黑的女子是誰？是妳的前世嗎？是妳過去世有緣的某人嗎？是妳的魅外靈前來示警？是今世觀看的某本書、某部電影從腦中意識所衍生出的聯想，而殘留在潛意識嗎？有沒有可能是仙佛所幻化、要來觀看妳是否能靜心以對？」

以上皆可能發生，因此，既然當下沒有智慧去處理它，那就**止觀**它吧！止觀才能從靜中生智慧，以無明心處理，最終也只是得到無明罷了。

至於應該如何看待靜坐中所升起的異象，有以下三個基本的步驟：

一、**靜觀它**。此情境引起我何種心的運作？是恐怖、不安、焦慮，還是想要幫助它？

二、**進一步觀察，此心的運作由何升起**。為什麼我會覺得恐怖、不安？升起想幫助它的衝動，是出自於慈悲心嗎？但慈智要雙修，此時的慈悲有建立在智慧給予嗎？

三、**不做任何回應，全然交由高靈等來回應**。請在心中默念：願仙佛菩薩慈悲，開啟我智慧來面對此事。

拜拜之前你一定要懂的關鍵字

止觀

指靜心地如實觀察眼前一切境。就是當事件發生時，我們須止住心念與情緒，讓我們的心置放在他處，先排除一切不相關的人、事、物，因為它們的存在都會引導我們的心急於跳入事件當中，讓現象就單純地停留在它應該在的地方，此時我們就只要觀察自己的心與事件。人們在處理事件時都會帶著過往的經驗與習氣，那是心的立即性，因此，如果學不會做到止觀，我們就只是一直以慣性在過生活，周而復始，難以擺脱命運的束縛，當我們能夠不帶著過多情緒與經驗與事件分離時，我們才能從舊有思維中擺脱。

拜拜、修行靠正念，才有正氣敵鬼魅

曾有一位個案來找我問事，她住家那樓層共有五戶，其中一位住戶不久前自殺身亡，但經過一段時間仍沒人知道，直到屍臭味漫延出來大家才覺得怪，但因為不知內情，大伙兒還是說說笑笑。

一次，她與另一位住戶下樓時碰面，對方直指自殺者的家說：「肯定是那戶飄出來的臭味，東西臭掉了怎麼不清一清。」雖然個案在當下沒有語出不敬，但事後仍感到一絲絲疚責。自殺者被發現當晚，整層樓的人除了她們家，都沒有人敢住，於是一家人帶著恐懼渡過了一晚，隔天夫妻倆便帶著小朋友到飯店住，整整兩週不敢回家……

之後，她開始留意到種種異常狀況：未到就學年齡的女兒常在半夜說夢話，還曾跑到自殺者家外、對著不銹鋼門梳頭髮；她無法正常入睡，每天晚上總是睜眼到日出方能入眠；一次他們全家到外地借睡朋友家，卻在睡寐之際看見一個男生站在床邊問她：「妳要去哪？」她猛然驚醒，又是一夜未眠……

事情過了三個多月，同樓層的住戶已有人要搬走，她不知該如何才好，所以來找我問事，主要是想釐清她所見的是不是自殺者，家中的不平靜是她多慮，還是真有其事？由於多日未能正常入睡，白天要上班，晚上又得面對不安和恐懼，她來找我的時候，臉上深深刻畫著憔悴與無助。

瑤池金母透過我轉述說：「妳的女兒得要顧好，她今生在宗教和修行這方面有其因緣，換言之，也就是古人常說的『靈較輕』，她目前會有說夢話的現象，有空最好帶去收驚安魂，若不處理擔心會有夢遊的現象。」個案告訴我，最先是小兒子開始說夢話，現在變成小女兒夜夜說夢話，她這女兒從小就對拜拜很有興趣，還不到上幼稚園的年紀，每到廟裡便會自動跪下合掌膜拜。

至於她在睡寐之際看見男生站在床邊問：「妳要去哪？」瑤池金母表示：「一切因恐懼而起。」答案很直接，是因她內在恐懼不安所引起，我進一步解釋：「人不是妳所殺，就算他在屋內自殺身亡，你們在屋外說笑，也並非針對他；何況這是無心之過，他為何要纏住妳？再則，自殺者的意念大多會盤旋在自殺處無法離去，妳那晚到外地朋友家中過夜，以常理推論，自殺者的靈體是不太可能跟隨妳的。」在我說出這段話之後，可以明顯看出她的表情輕鬆了不少。

瑤池金母則補充說：「少去混亂的宮壇，那無助於解決問題，把家中的符籙撕一撕，牆壁掛上一幅心經、道德經的文字畫，有助於端正家中的正氣；邀朋友來家中熱鬧一番，帶點人氣與陽氣進來，去除家中陰霾的氛圍。」她家正如瑤池金母所言，貼了一些鎮宅符來避邪，但對克服夜晚的恐懼不安和減緩女兒夢囈現象卻不見幫助。

「如果沒有幫助，為什麼要繼續做下去呢？」在去宮壇問過神明並聽其他人的談話後，她還是無法清靜，前陣子甚至還去某宮壇靜坐求安心，但似乎都不是解決之道。一直到選擇離開宮壇、不再聽信他人的說法後，心反而較清靜。她表示自己對於其他人的說法，是相信、也是不相信，搞得自己更心慌意亂。我告訴她：「任何人遇到這種事都會心生不安與恐懼，但環境已經不平靜，一進門又看到家中有符，不是更容易造成人心的恐慌嗎？」我並不是反對貼符籙，而是她家並無不平靜、也無鬼魅進入，既然只是人心的恐懼，就不應該再營造更多不安的氛圍了。「一個未能修持靜心的人，外在環境都會直接影響內心的不安。」

「正念」須經無數次的培養，方能克邪氣。

至於該如何靜心入睡、不懼心魔呢？瑤池金母則是建議她，晚上睡前可以持《道德經》、《心經》或是〈正氣歌〉[5]，這不是建議她要持深奧的經典或去邪除魔的咒語，而是**閱讀或念一些能夠提升內在正氣、能量的經文和文章**。《道德

5 持經、咒與讀古人智慧之書，均是透過閱讀文字產生能量。

經》、《心經》等都是提振內心正氣、靜心的文章，亦是佛道教義中非常重要的經典，〈正氣歌〉則是文天祥在獄中所做之詩，文中不但點出獄中有「水、土、日、火、米、人、穢」七氣，還提及要「以一正氣而敵七氣」——以一正氣來敵外在邪氣，亦有助於提振內在正氣。

聽完瑤池金母的建議，個案仍相當困惑，不確定問題是否真的這麼簡單就能解決，但在「一切僅是人心不安恐懼所造成」的前題下，我只能重申：從內在正氣、**正念**著手。

「有鄰居開始搬走了，那一層樓可能就剩我們這一家，那我們要搬走還是繼續住？」「一切依妳自己的感覺去決定，真的害怕就不要勉強。」這個問題的答案完全取決於個人，瑤池金母最後送她一句話：「身為人母，本來就有保護女兒的責任，如果未能靜心與持正念，又如何能保護自己一雙兒女呢？妳必須先讓自己的正氣強大、不懼外在邪氣，才能談及保護自己的兒女。」

修行並非依賴外在的神力以及他力，而是在平靜時培養內在的正氣與正念，遇到不安時才能有智慧與正氣抵抗邪氣，一味地依賴外力，內在力量終將匱乏——鬼魅、邪氣、妖邪均不敵內在正氣啊！

拜拜之前你一定要懂的關鍵字

正念

念（巴利文：sati），又可翻譯成「繫念」。念是一種平靜、沉穩的心理運作狀態，意指將心思集中在某個對象上，專注地觀察它。以正確、正知見的修行態度來修習念，則稱為「正念」，正念有助於使人走向覺知的道途。臨床證明，修習正念能幫助心境與思想平靜下來，並有助於排除一切干擾。正念的學習方法則是：在行、住、坐、臥等生活上專注於身、口、意。

拜拜小祕訣

和神明溝通是用意念不是用聲音

我曾向觀世音菩薩請示：「祢們如何傾聽堂下無數的祈禱與心聲？」觀世音菩薩告訴我：「用人的角度看待我們，並無法參透靈界奧妙。人們用意念與我們溝通，透過意念，我們可以在同一時空內與無數人的心相連，那是超過人世間文字、語言以及你所能理解範圍之事。」供桌前的善男信女雖多，不論其心聲大或小、站得遠或近，只要心念專注，虔誠心就能與祂們連接上。當下我突然明白，原來仙佛菩薩是如此了解我們。

我看過不少人拿起香向堂上神明拜拜，不到五秒、連向祂們稟明事情的內容都沒有，就速速插上香，神明連你是誰都搞不清楚，又如何保佑你、幫助你心想事成？

修行之人的專注力確實會比普通人強許多，但卻未必有虔誠心，只要抱持虔誠心，任何人都可以得到仙佛菩薩的保佑，在這邊提供一個以意念溝通的方式，希望大家日後在拜拜時，懂得多利用心念。不用再冒著被重重香客燙傷的危險衝到神案最前方了，**重點不是站在哪，而是心在哪！**也不要把香成當手機，絮絮叨叨一大串講個不停。

1. 心中默念不出聲，你愈專注，神明愈容易聽到我們稟告之事。不要以為大聲就好，神明並不是用耳朵聽聲音。

2. 在心中觀想圖象，例如向神明稟告住家地址時，除了默念，也要觀想住家的外觀，有助於神明快速查到資料。若祈求的內容有加入人的因素，比方說希望與合夥人合作成功，稟告合夥人資料（出生年月日）之餘，觀想合夥人的樣貌也有助於神明快速知道你口中所講的人是哪一位。

玖．有燒香一定有保庇？

祭改、補運等宗教儀式動用到無形力量，生活不順心便依賴外力術法，只會讓人失去自身掌握事物的能力。術法建立在道之上，合稱為道術，沒有道——了解陰陽之道並了知自己——再高強的術也沒有力量。

迷信。

如果你位居於一界之神，一種信徒以虔誠心早晚向你膜拜，身、口、意時時刻刻以你為師為尊，除了初一十五、逢年過節，你的聖誕之日還備上豐盛供品；另一種則是每天都換一批不同面貌的信徒來，有困難時才想到你，一開口就是抱怨感情、事業、人際關係、家人問題……這還不打緊，三不五時還要向你求財求富貴。你會想要幫助哪一種信徒？

到處祭改，好好一個人成了生病的不定時炸彈

某天，一對母女前來問事，女兒年近三十，她的父親曾在中部某鄉鎮擔任鎮長，祖先留下不少家產，又與兄弟、叔叔共同經營一間頗具規模的工廠，雖不算富豪，卻也稱得上有錢有勢。然而好景不長，原本看好的官運開始走下坡，家族工廠也分了家，他叔叔的工廠仍然有聲有色賺了不少錢，但自己與兄弟所經營的工廠卻帳目不清、年年虧損。就在諸事不順之時，正值壯年的他竟然小中風，本以為不算嚴重，想不到一拖就是十年，之前賺的錢全拿來治病。想到多年努力化為烏有，他的病情更加嚴重，還變了個人似的情緒陰晴不定，常對家人說粗俗不堪的話，家中就像埋了一顆不定時炸彈，每個人的神經都很緊繃。

她們來找我問事，是想了解整件事情的來龍去脈，看是哪裡出了問題。一般來說，只要沒有外力的介入，人的運勢會三年一轉、五年一轉或是十年一轉，依每個人的命格而不同。所謂的外力，指的是風水、祖墳、外人破壞，或是貴人相助、佈施積福等。她們家的情況已經超過十年，問題層層疊疊，不像一般的運勢起落。在神明點出問題後，我深深體會到：「天下本無事，庸人自擾之。」我問她們是否常拿父親的衣服到宮壇、廟宇祭改，女兒立刻露出不好意思的表情。原來，父母早年就感情失和，說穿了，就是父親在外面有其他女人，因此，只要聽到人家介紹哪間宮廟可以斬桃花，母親就會拿父親的生辰八字、衣服去作法或祭改，已行之有年。難怪神明會說：「他父親對家人破口大罵，是因為四處祭改亂了神。」

身、心、靈本就三位一體，任何一項出了問題，就會牽連其他兩項，不注重養生之道，心（態度、專注力）與靈（靈魂、精神）會受影響；做人處事的態度偏頗，身與靈也有連帶關係。拿著八字、衣服四處祭改，也不知宮壇主事者人品及堂上供奉的神尊靈格如何，多年下來，精神體多少會受到干擾，連帶原本單純的病體也受到波折。

至於工廠事業的不順利，神明的說法是：「常改風水，人心不安。」她告訴我，工廠已交由父親的兄弟經營，個案一家人無權過問，也不清楚細節，但據說是有請專屬的風水師負責。我告訴她們：「有平順、有高潮、有低谷，才是人生。不好的事情是惡業現前，得靠自力與自身的智慧去面對和解決。拜神求神是期盼能有支持的力量幫助我們走過低潮，但一味地依賴外力，最終是不會有好結果的。」

另一位女個案與老公不睦許久，她老公對於氣場非常敏感，常常會莫名感到不舒服，所以來找我問事，想了解此事該如何解決。

我請示過神明之後，反問她是否經常到處問事，她點頭表示，因家庭不睦、老公常常莫名情緒不穩，在他人介紹下的確常跑宮壇。我告訴她，有事求神拜佛是人的天性，但許多宮壇主事者的心念影響供奉在神像內的靈體，在未知主事者心術是否端正前，像一隻無頭蒼蠅般病急亂投醫，最後也只會亂了方向與心性。事實上，她老公情緒不穩定，就有部分是受到她長期跑宮壇所沾染到的不純淨氣場所致。這當然不是指宮壇內的神像一定有不好的靈體，也不能一竿子打翻一船人地直指宮壇主事者的心態有待商榷，而是建議每一個人，遇到事情應該先平靜地內省、止觀，並且仔細思考整件事情的來龍去脈，而非一股腦地四處跑宮壇，過度依賴祭改、赦因果等術法。

「老師」補財運，補出另一個金錢黑洞

多年靈修過程中，我最常看到的問題是——人們沉迷於鬼神世界，一味地向外追求人生問題的解決之道，陷入不可挽回的地步。不只求神問卜，還四處找大法師、風水師、命理師，請人灌頂、加持、開天眼。有人因工作與事業的困境而產生財務問題，就找「老師」求助，欲透過姓名學、風水、祖先牌位、嬰靈、赦因果到點靈認主等花招來改善，結果不僅問題沒有解決，還成了吸金黑洞，愈補愈大洞。若無法從找到的老師那裡得到幫助，就繼續尋找下一個更靈驗的老師，因此踏上了周而復始的惡性循環，導致後果不可收拾。

想尋求外力，我提醒各位務必設定停損點。當杯內的水已經混沌，再攪（心亂下的判斷）也無法看清水裡到底有什麼。若鬼神世界的各種說法已讓你感到不知所措，就必須先靜下心來，暫時放掉那些言論，回頭看看自己的問題，你會發現：問題發生時，答案已在我們心中。從我們停止尋找外師，嘗試「定心」的那一天起，事情就開始要真正地被解決了。南傳佛教的頭陀僧曾說：「『定』是一種心的凝聚，使心強而有力，進而根除執著……也能清靜內心，使心在當下光明、清淨。」[1]

1 《森林回憶錄》〈面對恐懼〉，第九十七頁，法耘出版社。

不可凡事只想靠「老師」，唯有回頭面對問題、面對自己，才是真正的解決之道。

二○○九年我參加了生平第一次南傳佛教內觀——雨安居，期間我問了寺院住持一個問題：「當可取心轉變至不善心時，我們該如何面對？」

法師告訴我：「要以平靜心分析因果觀，每一件事都存在著因果，細微至心理內層。轉變也有因果可循，當我們細細地觀察到不善心升起時，就要好好靜下心來思考。」

「如何培養那份觀察心？」

「起居作息都要專注於心上。」

啊！**占卜、算命、求神、拜佛皆是給予心靈的力量與參考，卻不會是答案**，假使未培養「堅定心」與「明確心」，徬徨、無助就會像車輪軸一樣，持續不斷地轉動與重覆。

泰國已故禪師阿姜放曾提到：「心就像是一位國王，情緒就猶如它的大臣，別當一位容易被朝臣左右的國王。」這段話點醒我們：問題發生了，要學會先靜心內觀，而非一味向外探尋名師、乞求從他人身上找到解決之道，讓他人左右自己對生活的主導權，如此不但問題不能得到解決，往往還會變得更加棘手。迷信與正念、盲從與信仰，常常僅是一線之隔。

遇到問題，心亂了，眼前的一切都是問題；心靜了，問題也就止息。

虔誠拜拜的人，連抽塔羅牌都有高等靈親自講解

我在《當東方通靈人遇到西方塔羅牌占卜師》一書中，記有一則問事實錄。那次是替一位七十多歲的阿伯做塔羅牌占卜，事後我寫下一段話：「我深深體悟，占卜需要問卜者的福分與造化，無關占卜師的能力，一個有修行或常行善事的人，占卜過程中自然會有高靈或祖先靈到訪，給予建議……我從二〇〇六年開始為人占卜，從北到南，接觸了不少問卜者。能夠獲得許多意見的問卜者，通常有幾項特徵：茹素之人（或減少葷食之人）、問題牽涉修行或玄學之人，或本身常做善事的善心之人。」

我為這位阿伯占卜的過程，一切都太過順手，不論是解牌、口語表達，完全超過我當時占卜的能力，於是我猜想阿伯平時應該有在膜拜某尊仙佛菩薩。果真如此！他家中供奉了一尊關聖帝君的神像，虔誠的阿伯每天早晚必上一柱香。有

了這次的經驗之後，我開始細細觀察每一位個案，不論是通靈問事，還是塔羅占卜，只要平時有虔誠膜拜某一尊仙佛菩薩，念誦祂們的咒語、經文或是聖號者，在問事時都會出現以下幾種特殊的現象：

一、我的身體會很容易打嗝或靈動。

二、問事、解牌會特別順手，更容易講出未來之事或內在不為人知的心事。

三、我與神明的溝通變得特別靈敏，反之，針對平時沒有信仰的人，我向祂們問事時，內容會非常淺顯。

占卜問事多年下來，我有個心得：「**問事算命會準，要感恩對方是有福報和信仰的人，他們的福報與信仰增加了占卜準確度。**絕對不要起貢高心，問事不是讓對方相信我們的能力，而是讓對方相信並看見他自己的能力，懂得教導個案建立自信和屬於自己的信仰，才算是一個好占卜師。」

即使是天天看著自己的家神，還是要抱著虔誠心敬拜；想到才形式化地拜一下，家神能量減弱，對家人均有影響。

曾有個案問我，家中安奉的神像是否有任何不妥，當時我感覺到他家神龕上的菩薩畫像能量甚是薄弱，反倒是供奉在桌上的幾尊神像能量較強。我向他家菩薩詢問為何如此？菩薩告知：「供奉多年，他鮮少對家神有虔誠心。」我向他說明他家菩薩要我轉述的話：「拜家神就如同與家中長輩互動，不是拿香口中喃喃自語，而是要專注於膜拜當中，上香的同時要起恭敬心與虔誠心，這份心是你所欠缺的。家神能量的強弱不在於膜拜長久或牲禮供品，而是以何種心在供奉。」

我接著又說：「虔誠心與恭敬心不代表要有所求，拜神的同時其實是在拜自己，**心中有祂們的精神，在日常生活裡，我們便會了解什麼是可為或不可為**——這是向內心探求信仰的道理。若把人心比喻成鏡子，在膜拜的過程保持虔誠心，就好像在神像前放了一面鏡子；膜拜時鏡子會映出神像，鏡子還是鏡子、神像還是神像，但是在膜拜的當下，人心中就有了神，這就是拜拜的意義。」

個人造業個人擔，總不能要神明幫你擔

二〇一一年我到屏東滿州擔任為期三週的原住民部落志工，找了一天空檔到當地靈修派的九龍山順龍宮參拜，順龍宮是全臺皇媽娘娘[2]的開基廟，為皇媽娘

[2] 有人認為，皇媽娘娘是宋朝宮廷傳奇「狸貓換太子」的主角李辰妃娘娘，但有人認為兩者無關。

娘辦事的師姨洪諒阿媽已於二〇一〇年農曆十一月一日逝世。她是一位令人景仰的前輩，在交通不便、經濟困苦的年代，僅因菩薩告知她須為神明服務，便隻身一人帶著三個小孩從彰化坐車到滿州，一生投入神職工作。

洪諒阿媽是個性情中人，常有信徒向她老人家哭訴婚姻、家庭的不如意，她會直言回應：「妳是在哭夭喔！喊什麼辛苦？我從小辛苦到現在，妳有比我辛苦嗎？」可見她直率樸實的一面。當時阿媽以乩童方式為人辦事，最擅長的能力就是尋找失蹤的家禽家畜，從不收取一毛錢。她常跟信徒說，找到了，只要帶簡單的素果回來還願就好。

將一生奉獻給皇媽娘娘，有一輩子平安順遂嗎？洪諒阿媽另一項天職是醫治精神異常的病人和修行修出精神問題的靈修人，當時順龍宮分文不取地收留了許多病患，多年下來，醫治好的患者難以計數，家屬們常常以米、菜和水果等食物表達感謝。

後來，有位病人在順龍宮因心狹症往生，往生時身上帶有傷痕，家屬一狀告到法院，指控洪諒阿媽的過失，最後判刑四年、緩刑二年。

堂堂一位皇媽娘娘開基宮主，一生奉獻給神明，到老還要被關，顏面何存？但洪諒阿媽依然對皇媽娘娘與仙佛菩薩抱持著不退轉的虔誠心，漫長的牢獄生活中，阿媽日日靜心寫著天文，出獄後雖一度喊著不再收留精神病患了，但在眾多信徒與病患家屬百般求情下，還是心軟地將這些病人收留了下來。

或許，這是阿媽躲不過的劫數，也是神明無可奈何之處吧！過去的生生世世裡，身、口、意所造的業力，該承擔的，一樣也躲避不了，何必去怪罪命運與神明呢？

靈修是最親近仙佛菩薩的一種修行法門，成為靈乩之後，不論是為人辦事或進行宗教科儀，都以神明意見為主。儘管如此，靈乩自己該承擔的業力、該面對的難關，還是只能靠自己。我的靈修路並不如外界所想的一帆風順，人際關係上的意見齟齬與情感罅隙，在在考驗自己如何學習瑤池金母的圓滿心，並以古人聖賢的智慧化解瓶頸。

常拜拜是否容易招惹負面氣場？

佛教教義中有所謂「五蓋」，指五種遮蔽智慧與人心的煩惱，分別是貪欲、瞋恚、睡眠、掉悔、疑蓋❸，其中「掉悔」是**掉舉**與追悔，掉舉指心念煩躁、不安，對做過之事無法確定是否應做而心煩不已；追悔就是後悔自己所做的一切。

拜拜之前你一定要懂的關鍵字

掉舉

佛教用語，不平靜、混亂、不安定及散亂之意。在生活中常生掉舉心，求神拜佛的意念也會受到影響，就算神明再有力量幫助人們走上正途，因本身的掉舉（不安定），祂們也會使不上力。

這在修行人中很常見，拜神求神的人也有這樣的心情，人們常喜歡問：「每個人身上是否都有光（能量）？」有些道場認為，人修練到一定程度，身上會發光，而無形界的靈會因這光依附在修行人身上，尋求共修或渡化。拜拜求神是否也有此現象？常拜拜是否也會招惹負面氣場與不好的靈體？這樣的心情就是「掉舉」——既想一心一意修行，卻又怕招來不好的外靈；既想求神明保佑，又擔心吸引不好的氣場。

對於這問題，神明以山比喻修行的人、以雲霧比喻無形界眾生做了解釋：

「山歷經數千年的歲月才能聚集靈氣，再經數萬年方能將靈氣聚集為靈識，但不論是千年山脈或萬年靈山，山脈間的雲霧都沒有不同，山是山，雲霧依然是雲霧。無形眾生，是一團無法聚集成形的能量體，若要聚集成形，需透過外力的意念。是你的意念連結了它們，促成它們的成形，不是它們影響人，而是始於你的意念——雲霧不能影響山，山卻可以吸收雲霧。七千年的山，無法聚集成靈識，故無法影響雲霧的飄行；九萬年的山聚集了靈識，成為山神，祂們可以決定是否吸收雲霧之靈氣作為內在能量。

沒有宗教修行的人，很難連結無形界眾生，只能與它們一同生存在這世間。如同七千年的山與雲霧，它們是它們、你們是你們。

3 貪欲蓋：執著感官五欲無厭足，因此蓋覆心性。
瞋恚蓋：對違背情理之情景感到憤怒，因此蓋覆心性。
睡眠蓋：心志昏沉，身體沉重，這些都會蓋覆心性、使其無法積極活動。
掉悔蓋：煩憂做過的事，因此蓋覆心性。
疑蓋：猶豫缺乏決斷，因此蓋覆心性。

對玄學、靈學有興趣的修行人，其心念、意念較容易與無形界產生連結，當心念繫於仙佛、高靈、正面能量時，便會與高度能量連結；反之，整日疑神疑鬼、怪東怪西，滿口鬼神論、祖先靈、因果、嬰靈……便會與鬼魅等低度能量的靈體連結。」

那麼，到底人身上是否有光（能量）？身上如果有修行之光，無形眾生真的會受光芒吸引而依附在修行人身上尋求共修或渡化嗎？神明是這樣回答我的：「修持正念之人，靈體確實會因此產生不同於一般的光。但是，『光』並不是無形眾生依附於修行人的原因，而是『心念』，光不會吸引無形眾生，心念才會決定修行人連結的是高度能量或低度能量，一切終究繫於個人的一念之間。」

修持正念之人的光，自然吸引同等頻率的靈體；心思不正、心胸狹隘之人就算修有光，也是低微之光，吸引來的也不會是仙佛菩薩。神明的答覆間接澄清了一個重要的觀念：「為何**毫無宗教信仰的人，比較不受鬼神的能量左右，而踏入宗教、玄學、神祕領域的人，反而更容易卡到陰**？因為一切存在於一念之間，每時每刻的想法都在決定連結的是鬼還是神。」求神拜佛是很單純的民間信仰，加入不必要且未經印證之觀點，只是徒增困擾罷了。

人云亦云、以訛傳訛，誤人之言語亦是誤人修行。

求神拜佛要懂得思辨，在相信之前，要先思考。

「佛陀曾說，單純相信別人的人並不是真正有智慧。有智慧的人會修行，直到與法為一，直到他能擁有對自己的信心，不依賴他人。

有一回，舍利弗尊者虔誠地坐在佛前聆聽佛法時，佛陀轉向他問道：『舍利弗，你相信這個教導嗎？』

舍利弗尊者回答：『不，我還沒相信！』

這是一個很好的例子。舍利弗尊者認真地聆聽、誠實地回答，他單純覺得，自己還沒有開展出對那個教導的理解，因此回答佛陀說他尚未相信——因為他真的還沒有相信。這些話聽起來好像舍利弗尊者很無禮，事實上並非如此。佛陀讚許他說：『好，好，舍利弗！一位智者不會輕易地相信別人；**在相信之前，要先思考。**』」[4]

拜拜之人是否容易沾黏到鬼魅等低等的外靈？這問題的答案仍須回到拜拜當事人身上。

老實說，我並沒有在那些一生都在向廟宇神尊祈求子孫平安順遂的老一輩們身上，感受過什麼負面氣場，反觀一些宮壇或廟宇裡喜談是非八卦、光怪陸離、

4 出自於《心靈的資糧》，第八十三頁，法耘出版社。

妖魔鬼怪，滿口祖先靈、因果業力、斬妖除魔、求財求名招桃花，動不動就祭改求平安的人，心性反而更加不穩定，對修行與生活的價值觀充滿偏頗與邪念[5]。

試問各位看倌，現在，你們覺得是鬼魅不請自來呢，還是人心招它們來的呢？

[5] 這裡指不正確的態度與觀念。

拜拜小祕訣

對於不了解的信仰說法，先放下吧！

曾有位讀者說：「我聽某位法師說過，最好少接觸靈修人和會靈的廟宇，因為靈修人身上都依附著動物靈，其廟宇所供奉的也都是動物靈。」他告訴我這位法師曾在一些廟宇看見靈修人拜拜修行，他原本站在他們後面，當靈修人轉過來看了他一眼時，竟看到這群靈修人身上依附著動物形體。我不解怎會有此說法，但針對動物靈的問題，我可以先分享一個經驗。

在我的教學課程中，有位男性學員靈動時常會擺出打虎拳的姿態，此人從未學過中國拳法，能打出虎拳我也深感不解，每次靈動過後，他都顯得精神百倍。進一步了解才知道，他們家有在開宮辦事，家族長輩擔任乩身為人服務，小時候他讓家中供奉的虎爺收為契子，就這樣結下一段善因緣。此人天生缺乏自信，做事虎頭蛇尾，虎爺教導他練拳，藉由身體的鍛鍊啟迪內在力量。無形界諸事並非人可依邏輯推測，眼見不一定為憑，以此事來說，未經深入了解，豈不認為該學員是老虎靈附身？

那麼，人有沒有被動物靈附身的可能？

其實是有的。

人與動物、鬼、神屬於不同的象度，神若要依附人，人在心性與肉體的修持上，要能夠達到與神明一樣的能量（或稱頻率），換言之，就算神明想要降乩在人身上辦事，也要人本身的能量、頻率與祂們有一定程度的對等。人要讓動物靈依附也是一樣道理；動物要修練到具有相當的意識，本身修行一定要超脫肉體壽命的極限，許多動物還來不及了解本身存在意識，就已達到壽命年限。動物要幻化成妖、魔須有一定的條件，動物靈的意識要修到人的程度，還要寄附在廟中等候有緣人，其實相當有難度。

什麼類型的人才可能被動物靈[6]依附？瑤池金母說：「人類在修行過程中，若藉動物靈來修行，此類型的人便很容易招來心念中的動物靈。」這話聽起來相當不可思議，但只要將動物靈換成養小鬼、陰牌[7]、蠱等，就能理解什麼是「藉動物靈修行」了。一般人在觀念上很難接受，也覺得不可能會有人修動物靈，但世界無奇不有，有些事總在意料之外。

另一種有可能在修行中受到動物靈干擾的人，則是在今世或過去世曾與動物結下不好的惡因緣，但此情況微乎其微……總而言之，動物靈要寄附在廟宇的機

---

[6] 指仍在人間徘徊不去的動物靈，天界的動物則不在此列。

[7] 指泰國佛教中特殊的修行品——佛牌，分正牌與陰牌兩種。正牌是由得道高僧採用寺廟的瓦片等材料，經念誦持咒後給予加持所製成，讓佩戴者可以得到能量與祝福，類似平安符、護身符。陰牌由黑衣法師製成，材料包括用死胎提煉出的屍油、骨灰或孕婦屍體所提煉的死人油等，佩戴陰牌是希望透過陰牌的力量招來財運、人緣、事業順利等。

會並不大，要依附在人身上修行的機率更是渺茫，主因是人與動物靈的頻率差異太大，除非人是出於私欲邪修才有可能。

民間信仰中，充斥著許多以訛傳訛、未經印證的說法，我的建議是：**對於不了解之事，就暫且放下**。簡單地拜拜、信仰正統宗教，修行以修心為主，不要走偏門修術法，就能長保平安無事了。

拾·拜到何時才有平順人生？

人一生所遭遇的苦難，許多來自於累世業障，過去世中身、口、意造成的結果，稱之為業；突破不了的心境情境，稱為業障。累世業未消除，今世又繼續造新業阻礙運勢，即使求神拜佛，神也愛莫能助。

業力。

今世要消除累世惡業並不容易，身體力行做善事還算不難，但面對紅塵俗世要能口（說話）與意（意念）皆以善為出發點，不造新的惡業，對未經修行、累積內省功夫的人而言，談何容易？那需要極大的智慧、毅力與勇氣。許多來找我問事的人會說：「拜了這麼久的神，何時才能撥雲見日？」我也不禁想問：「大家都想沐浴在神佛的庇佑之下，但我們是否常常觀照身、口、意所造的惡業？這才是真正阻礙人生順利的大石頭啊！」

累世業障＋今世新業，哪天才能獲得平安？

一位女個案來問事，愁眉不展地表示工作與婚姻皆不順心，不知何年何月才有轉機？瑤池金母僅僅說了一句話：「在感情路上把心顧好，未來的人生才會平順。」我明瞭祂的意思，於是婉轉地問對方是否曾成為他人的第三者？驚慌從她眉間一閃而過，才回答說：「現在就是。」她不諱言，自己是有夫之婦，同時也是有婦之夫的第三者。但我認為，瑤池金母言下之意是指：這位太太應該不只有一次婚外情。對於我的繼續追問，她坦白承認婚後至今有兩次婚外情——縱然都不是她主動。

每個人人生中都有要突破的心性課題，依瑤池金母的話，情感之路或許正是她的人生功課。我告訴她說：「情感外遇，不論哪一方主動，都是折損今世福報之事，我從未看過婚姻路上有過外遇的人得以善終，大部分都要付出加倍的精力來修補後果……今世福報厚薄不必算命占卜，端看自己家世背景、事運和天性便能略知一二，有福之人今世須再修慧，才稱福慧雙修，而無福人要修福又要修慧，自然是難上加難。不論是否有福報，今世有限的歲月內，有多少人能夠持續累世善業又不再造新惡業？一般人惜福造福都來不及了，為何妳還要拿石頭砸自己的腳呢？」

與其向神明祈求人生圓滿，不如自己觀照身、口、意，自個兒努力經營——多造惡業則神明難救，不造惡業則人生平順不必求神。

再舉一例，一位婦女婚姻觸礁多年，正與老公分居，來問我是否還有第二春的機會，她想要和丈夫離婚。是否有第二春神明沒有明說，只送來一句話：「有一天當妳重病躺在床上時，現在的老公是唯一會在旁邊照顧妳的人。」她肯定了我的說法，以她對另一半的了解，雖然目前兩人處於分居狀況，但相信真正有困難時，老公還是願意來幫助她。原本他們夫妻感情非常和睦，自從她將家用和私用的錢借了兩百萬給朋友，卻發現是誤信小人後，與老公之間的關係才急轉直下，從恩愛變成惡言相向。

神明告訴我：「她天生很會講話，只要願意從言語去改善，不僅婚姻會有轉機，生活也會變得更美好；她的嘴就像一把刀，可以拿來殺人，也可以拿去修剪花草整理環境，不同的選擇自有不同的結果。」她問我，怎麼做才有可能讓婚姻好轉，神明的回答是：「每天送三句好話給枕邊人。」一聽到這個答覆，她立刻直接告訴我：「做不到！」這是人性，我相信任何一個人處在與當事者一樣的情況下，很可能也做不到。但是，如果是你想讓婚姻破鏡重圓，每天說三句好話送給枕邊人和求神拜佛，你覺得哪個有效？

與其四處求神拜佛、改名字、改風水，聽信無法印證又各說各話的嬰靈、祖先靈或前世關係，倒不如好好想一想，**我們在今世又做了什麼傷害他人與自己**。身、口、意不傷害他人，誠心祝福他人，便是中道，看似簡單，卻不容易。能夠做到這一點，便是不再造新惡業，沒有業障，自然人生平順。

許多人有多年解不開的生活難題，如工作不順、找不到工作、感情未能安定、精神狀況不佳、身體有查不出來的病狀等，全家籠罩在一片愁雲慘霧下，問事後查出一個個問題，可能是風水、運勢、外靈、祖先牌位等，甚至是多重問題錯綜交疊，於是砸了許多錢去處理，卻往往還是沒用。就我個人經驗來看，這類問題的起因**本來或許都還單純**，是後來經過外力——如風水、姓名、祖先等——的改變，才把情況**變得更複雜**。其中，最常見的解決方法就是祭改，似乎只要透過祭改，難題就能迎刃而解，但事情真的有這麼簡單嗎？

人生不順遂，與其求神問卜，不如靜心以對，心不亂，事情就有撥雲見日的一天。

前不久遇到一位個案，家裡已不平順多年，問題接踵而來，而起源似乎可從父母親那一輩談起：家中長輩精神出狀況，兄弟姊妹的身體、財運、事業統統受影響，可見事情不單純。

首先查出的是，個案本身三十多年前在外島當兵時便遇上了不乾淨的靈擾。他到處問事已久，卻未曾有人指出是在外島當兵的問題，現在細細回想，才記起當時每每經過墳場就會全身起雞皮疙瘩。「沒做什麼就會卡到陰嗎？」我告訴他，與其說是卡到陰，倒不如說是運勢低潮時比較容易沾附不好的氣場，負面氣場通常會隨時間流逝而消失，無須做太多的儀式去除，若本身有在修持、行善，保有一顆正念、積極的心，那種負面氣場很快就會自行散去。但我也跟他坦言：「畢竟已有三十年，就算我將它去除，沾附在身上的負面能量還是有影響，沒有轉換生活環境與心態，問題無法立即改善。」這就像人生了一場重病，即使器質病的問題改善了，但生病期間已消耗太多精氣神，要是沒有好好保養、調整生活習慣，還是會非常虛弱，甚至出現其他的病症。

後來再查，還有祖先牌位的問題。瑤池金母表示，祖先牌位本身是沒有太大的狀況，但有其他負面的干擾：「祖先問題被很多人處理過。」言下之意就是：原本單純的問題已經被搞得很複雜——家中的風水並不適合久住，不論是通風、擺設（東西雜物非常多）或是採光……此時又擺上祖先牌位，更顯得擁擠與氣場混亂。

原來，個案早期生活不平順時，有人說是祖先靈問題，專程請了老師來設祖先牌位，花了一大筆錢後問題仍然存在，於是又請其他老師來看。這次的老師則要他們自己寫牌位後的名字，但情況還是沒有改善，只好再找老師來；老師先將第一批祖先牌位請到佛寺，再於家中安奉一個祖先牌位，但是結果依舊……**拜不拜神明或祖先，對運勢的幫助並不大**；假使家中格局擁擠、通風不好、採光也不足，再擺祖先牌位與神明，拜起來心也不會平靜，倒不如別供奉在家裡，而是請到佛堂，固定時節去上香，也能達到祭祖的心意。

我建議他將祖先牌位送到佛堂，把家中不用、少用的東西清一清，讓房子保持乾淨、通風，如果可以就搬家，另擇合適的住所東山再起，我看到他們身上籠罩著一團黑色的氣，就算不出門，壞事也會找上門，所以才會倒楣的事一堆。我說：「生活不順遂，首要不是求神問卜，你家多年來遇到這麼多事情又找過N個老師……或許可以換一個方式試看看，請多行善、持咒吧！」一聽，他又問我，為什麼有一次他們家捐款行善卻還是遇到倒楣事？我則用一個例子反問他：「如果一個人所犯的惡業像桌子尺寸的布一樣大，而行善的力量只有便條紙那般小，要多少便條紙才能將布填滿？」

無須去想過去和未來，每天持續不間斷地保持正念，就是消業最好的方法。

聽了這個比喻後他笑了笑，我接著要他別忘了，當便條紙在填滿布的同時，布的範圍還在持續擴大，並進一步跟他分享九天母娘教我的一件事：「不要去想過去的業，不要去想未來的事，當下不間斷的善念就是最好的法門。」他又問到如果沒錢要怎樣佈施行善？我回答說：「**最快積福消業的方式是每天不抱怨且保持正念**，而非佈施行善。」

最後我告訴他：「你找我問事，我只收問事費沒有再收任何額外的處理費，以上建議你不妨就當是被騙，試著相信自己一次，總比再花錢四處找人解決事情好吧？等你搬了家，先將祖先牌位請到佛寺，剩下的再一步一步處理，有了第一步就會看見光明，此時離希望就不遠了。」

人總是一味地向外追求生命問題的解決之道，從此陷入了盲從與不可挽回的地步——找了一個老師無法達到預期效果，就繼續尋找下一個——也踏上了不可收拾的惡性循環。你設好沉淪的停損點了嗎？何時停止尋找外師，就是何時開啟解決之道的大門。

沒有惡業的世界，從「心」開始

佛陀曾以一個寓言故事說明收攝心性的道理：

「諸比丘，從前有一位雜技演員爬上竹竿，對其徒喊道：『孩子！現在汝爬上竹竿，站到我肩上。』其徒如是作時，師又說：『孩子！現在汝保護我，我將保護汝，如是彼此相看，我等表演戲法、賺錢，從竹竿上安全下來。』可是其徒說：『不，老師，不如是作。師自護，我自護，如是自護自管，我等表演戲法、賺錢，從竹竿上安全下來。那是其法。』」佛陀接著又說：「諸比丘，正如其徒對其師所說：『我自護。』故汝等應修念處（即為自護修念處），『我將護他人』，應修如是念處（為護他人修念處）。通過自護，亦護他人；通過護他人，亦護自己。諸比丘！如何自護亦護他人？由一再修持，經常以期為業。諸比丘，如何護他亦護自己？由忍耐、無害、慈與悲……諸比丘，汝等應修念處，念言：『我決心自護』、『我決心護他』。」❶

佛陀藉由這故事勉勵弟子們**時時觀照自己，做到自護而護他人**。不要整日操煩、在意他人，這便是自護；當自護升起時自然能夠護他，經常以此為警惕便能收攝六根——眼、耳、鼻、舌、身、意，收攝的力量出現時，**心**便能抗衡外界的干擾與誘惑，進而清淨六塵——色、聲、香、味、觸、法，六塵不受干擾，便能仔細觀察平日所作所為所產生的業為何。觀照是看護自己的心，人心就像一隻未經訓練的幼犬，一不留神，就會做出我們自己也意想不到的事情。

我們不要輕信他人之言而抱持自命非凡的態度，如要助人、要救有緣人、有

❶ 故事是出自於南傳佛經《相應部》第五卷，第一六八頁。

拜拜之前你一定要懂的關鍵字

心

「心」在此指專注之意，又可進一步地指作意與所緣之處。

帶天命等，認為自己不同於他人，便是一種傲慢。**時時觀照自心，做好應盡的本分**；假使每一個人都能做到這點，社會一定會變好。就如同前面提到的個案，因與丈夫不睦而發生婚外情，便是未做好婚姻關係中妻子的本分，而外遇對象也未盡到他自己身為丈夫的職責，社會上於是有了兩個問題家庭，進而影響彼此的小孩、父母等……**看似微乎其微的個人行為，卻環環相扣地影響他人**，由此便知觀照自己的心是何等重要。一個懂得觀照自己心的人，能產生一股無形力量，當累世惡業現前時，便能不受舊業障干擾、不造新業，進而消除舊業障。佛陀在世時，從未教導弟子舉辦消災祈福法會，而是要弟子常常觀照心，培養心的力量以對抗紅塵俗世種種紛擾。心靜自明，看清自己所作所為，今世便不會再造新惡業，如此不僅能自護護人，求神拜佛時祂們才有力量幫助我們。

不造新業，先扮演好自己的角色自護護人

有人的世界，就有流言蜚語，不論是家庭、工作場所、學校，甚至連佛門清靜之地都難以避免。**人應自我約束，自制能夠消惡業，不妄議就不造新惡業**。但即使我們能夠做到，當被他人的言語傷害時，又該如何自處？

人人都盡己本分就不用擔心他人未盡本分，比較輸贏都是無謂的執著，只是帶來傷害而已。

有一次，我成為他人流言蜚語的對象，瑤池金母這段話讓我釋懷不少：「未經思辨之人，沒有明辨之心，這也是那人的心性所然，未經思辨講出的話，只是在行本身**業力**罷了，那也是他們的本分。」這裡的業力是指累世以來的心性，未經印證而依主觀看法猜測與評斷，也是智慧不足所造成。瑤池金母進一步解釋：「做好自己的角色，不要墜入他人的角色，這件事很快就會過去了。每一個人所作所為都是來自業力，莫怪罪他人，先問自己有因此而造出更多不必要的新惡業嗎？」聽到不利自己的流言蜚語時，不論說出這些話的是誰，心中都要自我提醒：「斷除與他人的業力，不再產生新的惡因，不要墜入他人的角色中。」如此便能減少人生的阻礙。

我進而詢問瑤池金母：「人該如何學會放下？」祂說：「每一個人都是獨立的個體，都在盡己本分、完成今世的人生課題，他人對你不滿意、不禮貌，都是他在完成自己的人生課題。花、草、樹皆因自己本分生存於世間，盡心於本分之上，又何必在意他人對你的看法呢？」

拜拜之前你一定要懂的關鍵字

業力

常人一聽到業力便會聯想到不好之事，甚至許多神壇、宮廟與道場也會將業力與惡畫上等號。傳統東方宗教的教義中常會提到業力兩字，它泛指個人過去和現在身、口、意所造成的行為而引發的結果，也因此，業力本身又可分善業、惡業與無記業三種——無記業指的是不善與不惡。

我接著反問瑤池金母：「花、草、樹如果沒有水、陽光和空氣，又如何能夠成長？」

祂回答道：「水、陽光與空氣不也是在盡其本分嗎？」當水、陽光和空氣皆能盡其本分時，花、草、樹便可順利生長；水、陽光和空氣並不會去思索應不應該對花草做什麼，它們只是盡忠職守地做好自己的本分，這就是「扮演好自己的角色」的道理；人與人之間亦是如此，這正是前面所提到的「自護護人」。瑤池金母是在提點我——勿起比較心、勿起輸贏心，才能了解如何放下，把眼睛往心裡頭看，不要執著身旁的任何「事物」，情感、金錢、朋友、事業……都應抱持隨遇而安的態度。

希望他人肯定自己，是一種執著；希望自己有所成就，也是一種執著。和主管、同事、男女朋友不愉快，都是因執著才會有得失心，假使一開始就不奢望他人，又如何有執著；未有執著，又怎有放下與放不下的問題。不執著、不貪求，不在意世間萬物是否來到身邊，有是幸福、沒有也是福氣；來就接受，不來也接受；有，我們感恩，沒有，我們也視之為平常……以平常心看待人世，便不會產生「我的、我」此類念頭，世間人事來到我們面前時，亦只是表相的世俗擁有，執著不入心中，便無失去與受傷害的問題。

自護護人也跨越了陰陽兩界，在世親人過得好，也造福了最牽掛的往生親人。

一位個案來詢問往生六年多的母親之事，當時我已不再為人詢問往生之事，其一是太過耗費元神能量與精神，其二則是往生者離世愈久，對人世間的親情、愛情與友情會逐漸淡忘，使得在世親人對於往生者的「無情」感到不解與疑惑；而為陽間者詢問往生者的通靈人、神職人員，如未具備基本的療癒與悲傷輔導的溝通能力，最終只是淪為一場鬧劇與羅生門——畢竟搭起陽間人與往生者的溝通橋樑，有很大一部分是為了療癒陽間人的悲慟與創傷。不過，個案這六年來尋遍許多神職人員都未得其果，現在來到我面前，實在不忍拒絕他，於是只好這樣回答他：「透過第三者的轉述，真實性與療癒是無法貼進陽間人的心坎，在與往生者溝通的部分，我先讓你親自嘗試看看，是否具備因緣能感受到令堂，如果不能，退而求其次，再換我幫你詢問。」

在因緣與時間不足下，他無法親自與母親會面，由我轉述菩薩告訴我他母親的狀況，然後補述一些話：「靈界真的很大，那不是我目前能力所能知道，我僅能轉述菩薩的話：『你母親目前並沒有在陰間或地獄，她在靈界某處自修，不希望有人打擾。』那是什麼地方我不太清楚，菩薩也未說明。」最後，我又告訴他說：「你為你母親所做的已經很多了，她全都知道，也希望你放下。」菩薩希望目前單身的他能夠照顧好自己、過得自在些，而非一心牽掛著另一世界的母親。

原來，就算已經過了六年，母親的離世對他仍是一件很難接受的事。他保留房間的每一物，如保養品、衣服、飾品等，除了定期打掃之外，還固定將母親的衣物送洗……就是期盼母親能夠再回來。

親人的離世，往往最悲痛的是陽間人而不是往生者，通常得花很長的氣力去修復，但不論如何，一切還是得靠自己努力去克服——讓自己的心好過，也是讓往生者好過。任何人都沒有權利叫別人不要難過，畢竟我們不是當事者，但站在第三者的角度，我還是必須告訴他：「你母親在另一世界已經知道你所做的一切，該放下了，讓自己好過一點。」

放下一切執著，自然能消除累世業；心中沒有執念，自然不再造今世業。能夠懂得這個道理，進而修到這樣的境界，信仰、拜拜、靈修，對自己才是真正有意義。

拜拜小祕訣

拜多不如拜精，求量不如求質

拜拜求神最重要是對仙佛菩薩的「**虔誠心**」，這是**平時就要努力精進**之處，常遇到個案拜託我：「幫我跟瑤池金母求一下，請祂助我渡過難關……」「替我向瑤池金母祈福，家人住院了，祈求能過此劫……」

俗話說：「平時不燒香，臨時抱佛腳。」等到事情火燒屁股才開始四處求神拜佛，祈求事情能夠圓滿落幕，未免過於現實？

拜拜求神，拜多不如拜精，求量不如求質。聽到別人介紹哪邊神明靈驗就去拜，卻忘了**「靈驗來自於個人與神明的因緣」**，套句佛教的觀念——**每個人都有屬於自己的中道，無需追尋他人的中道而耽誤了自己的修習**。你可以在眾位仙佛菩薩中找到一位可以學習的對象，以祂的精神為師，遇到問題時就以祂為心靈的寄託，當我們與心中信仰已久的仙佛建立起心靈聯繫時，即使所求之事超過祂們能力所及，祂們也會向其他神明詢問解決之道。問神明能不能幫我們之前，請先問問自己——平時有沒有以一顆虔誠的心對待祂們。

終曲

回歸信仰、拜拜與真實的中道人生

閱讀完十篇求神拜佛背後的祕密，是否像洗完了一場心靈三溫暖那般，心有戚戚焉地感受到一陣涼一陣熱？最後，請暫時放下本書的故事與對求神拜佛的觀點，讓我們先回歸到民間信仰、宗教虔誠的那一份初衷與不可分析的立基點上。某年農曆十一月，恰逢靈修派五母之一的無極虛空地母至尊壽誕，我與幾位友人到古坑地母廟拜拜，沿路上可見如火車車廂般的進香團遊覽車，一輛輛緊密地往地母廟方向駛進。一到地母廟，便看到廣場被人山人海的虔誠香客擠得水洩不通。靈修跑久了，宗教儀式看多了，便可以輕易地發現：進香團中包含了靈修團體、宮壇道教，以及靈修、乩童混合宮壇。此時，只見各路神明如媽祖、三太子、王爺、濟公……一一下凡臨乩，各家宮壇的乩身與陣頭依序進駕為無極虛空地母祝壽，展示進駕招式與本領，除了向無極虛空地母表示虔誠心之外，相信另有一部分是想要增加自家宮壇的能見度與曝光機會。

只要宮壇本身人力、財力與經驗允許，這種陣頭儀式在一些特定的神明節慶中必定上演。這種宗教儀軌與臺灣民間習俗有相當大的關係：古早時，臺灣人民三不五時就喜歡熱鬧一下，但人間的過年一年才一次，未免不太過癮，因此人們便把主意打到神明身上啦！細細數來，幾乎每個月都有神明過生日——每個月都可以熱鬧——於是形成了一種「藉由神明生日，達到人民滿足」傳統信仰儀式。

廟外進駕陣頭熱鬧非凡，廟內一齣齣足以捉住人們眼球的戲碼也正在上演。各家靈修團體、道場無不捉緊這難得普天同慶的殊勝節日，向無極虛空地母會靈、訓體及祝壽，許多師姊、師姨彷彿天女附身般跳起不協調的彩帶舞，另一群人則在一旁書寫赦文、靈動、唱靈歌等；不可免俗的，還有靈修人在神明面前大聲哭泣，哀訴的內容不脫離在世間的辛苦、修行的煎熬，想要回歸天庭與神明身邊……這些常見的場景已不足以吸引我的目光，反倒是另一個角落的靈修儀式畫面令我駐留許久。

主事者拿著書寫密密麻麻文字的黃表紙，信徒則跪在地上不斷喃喃自語，之後再向神明擲筊。細聽之下，隱約可以了解這些人聽宮壇主事者口念黃表紙上今世的因果債後向神明擲筊，獲得三次聖筊，便得知必須燒化多少金紙方能渡化今世冤親債主與種種因果業力。我不禁在一旁感嘆：「燒金紙真能渡化累世所犯下的錯、讓日子能一帆風順嗎？就算渡化了，個性、觀念、心念都不調整，未來難道就不會再犯錯、執著嗎？瑤池金母曾表示：『**神明也是活在因果業力的大法則之下。**』既然如此，又如何寄望祂們擁有廣大無邊的神通扭轉我們身上的業力呢？」

回到撰寫此書一開始的初衷，只是希望人們在拜拜求神庇佑之際，不要忘了——從自身做起，找出那一份對宗教單純、真誠與平常心的信仰力。

最猛職人

最猛職人